U0056753

幼兒教保概論 II

孫秋香、邱琡雅、莊享靜 著

編輯大意

一、本書係遵照教育部技術及職業教育司於民國八十七年九月三十日修正公布之家事職業學校「幼兒教保概論 I、II」課程標準編輯而成。

二、全書共分 I、II 兩冊,供家職幼保科第一學年上、下學期每週二節教學之用,為每學期各二學分,共四學分的課程。

三、本書之教學目標為:

　　1.了解幼兒教保的基本概念。

　　2.了解幼兒教保的現況。

　　3.培育從事幼兒教保工作的興趣。

四、本書之編排架構:

　　1.每篇內容前之「前言」,為該篇的導引介紹,可作學生進入內文前的學習準備,亦方便教師作課前的教學提示。

　　2.每篇內容之後附有「參考書籍」,提供教師及學生對該篇內容深入探究的資源參考。

　　3.文後附有「彙整」,讓學生作學後的整體彙總及復習之用。

　　4.文末設有「自我評量」,引導學生作課後相關議題的

延伸思考及學習後的成果評鑑。

五、書中的文詞敘述力求簡明易解，以增進學生對此書的興
　　趣與了解。

六、本書雖傾力完成，但不免有疏漏之虞，敬祈各位先進不
　　吝指正，以使本書內容更趨完善。

作者簡介

孫秋香

學歷：輔仁大學家政系

師範大學家政系暑研所

現任：光華女中附設幼稚園園長

光華女中附設托兒所所長

光華女中幼保科教師

（撰寫第四、五篇）

邱淑雅

學歷：台灣大學中文系

美國泛德堡大學幼兒教育碩士

現任：光華女中幼保科教師

（撰寫第二、六篇）

莊享靜

學歷：輔仁大學家政系
　　　美國愛荷華大學（University of Iowa）幼兒教育碩士
現任：光華女中幼保科教師
　　　（撰寫第一、三、七篇）

目　錄

第四篇

幼兒的發展

前言

　　了解孩子，是與孩子相處的人必備的要件；了解孩子，才能在與孩子的互動中，與孩子建立良好關係和友誼，進而幫助他們。孩子如能被了解和獲得適當的關懷、照顧和教育，孩子的未來，則充滿著希望和幸福。

　　您對孩子知道多少呢？孩子是否就如一般人所認為的：是可愛的、任性的、好動的、喜歡玩、天真、可以欺騙的、哭時只要給與奶嘴或糖果吃就可滿足其需求……等。如果真是如此，則對幼兒的認識是一知半解，在一知半解的情況下和孩子相處，常會因誤解而與孩子爭執、生氣，但最後成人總是贏，孩子總是輸。不被了解和尊重的孩子，則是他日不尊重別人的成人。因此，了解孩子，是對孩子好，也對我們好的當務之急。

　　身為幼教人員，更要了解孩子。了解孩子、幫助孩子除了是必需的職責

外，也可藉此自我省思，昨日的兒童，如何成為今日的我，而讓自己在不斷的成長中人格更加成熟，成為更優秀的幼教老師。

　　此篇探討嬰幼兒生、心理發展特徵，乃是概要介紹。期望讀者在閱讀此篇內容後，對嬰幼兒有初步正確的了解，也能引發對嬰幼兒的探討興趣和關懷。

1

嬰幼兒生理發展

第一節　發展的意義

　　「發展」與「生長」的意義不同，但常易混淆。發展是指
「量」的增加與「質」的改進，如智力、人格、動作、語言、
社會行為等的發展。生長則是指「量」的增加，如身高、體重
的增加，或內在器官、骨骼的變大、變重。故我們將「發展」
定義為：個體在生命期間，其身心發生質量改變的歷程。

影響發展的因素

　　長期以來影響人類發展的因素有兩種，一為遺傳，另一則為環境；但在心理學者重視「關鍵期」，教育學家重視「敏感期」以後，幼兒的發展乃成為三因素交互作用的結果。

一、遺傳（Heredity）

　　是從上一代的生殖細胞中所得來的某種品質的「傾向」。它給與個體有接受外在刺激以改變自我的傾向。決定遺傳的因子是染色體的最小單位「基因」。

二、環境（Environment）

　　是個體所接受的刺激物，舉凡生活周遭的人、事、物等均屬之。它使遺傳的傾向變成可能，甚至成為事實。

三、時間（Time）

　　是個體在發展過程中的「關鍵期」或「敏感期」，即個體在各方面成熟或學習的適當時機。

　　遺傳只供給個體發展的可能性，即個體發展的最大潛能。但此種潛能是否能充分發展，一方面有賴於環境刺激物的質、量與類型，另一方面則有賴於環境刺激物所發生的時間與可教的時刻，因為打鐵須趁熱，時間太早，個體尚未成熟，則刺激不僅無益，反而揠苗助長；太晚則關鍵期已過，不僅浪費精

力，而且事倍功半。所以，個體的發展是遺傳、環境與時間交互作用的結果。

第二節　發展的一般原則

人類的發展雖因人而異，但經觀察研究可發現不外乎依循以下幾項原則：

壹、連續性與階段性

發展的歷程是繼續不斷、循序漸進、互相連續的，它有一定的順序，而不是躐等或突變的。因此，發展的連續性與階段性正可說明前階段的發展是後階段發展的基礎，亦即前階段的發展會影響後階段的發展。

貳、發展的速率

發展的速率並非固定不變的，速度各不相同，但大體說來都是先快後慢。一般來說，如果二十歲時的成長為一百，那麼幼兒期結束時，腦髓、脊髓、感覺器官大致已發育到近成人的百分之九十左右。至於身體的骨骼、肌肉、內臟器官等，在幼兒期結束時，只發育百分之四十左右；過了十五歲才能達到成

人的百分之八十。另外像生殖器官，在十二歲之前沒有明顯的發育，過了這一時期卻會有急速的發展。

參、發展的方向

一、由頭至尾的發展

發展的順序以頭部為先，下肢為後。因為頭部是中樞神經之一的「腦」主要所在地，無論語言、動作等發展均有賴於神經系統的先成熟，在六歲前以「神經型」發展最為迅速。人類學走路的歷程（抬頭→坐→爬→站→走）正說明了由頭至尾的方向法則。

二、由中心到邊緣的發展

又稱為「由近處到遠處」的發展，即軀幹部分發展在先，四肢發展在後。如幼兒取物的歷程是先以手臂抱物，然後以手掌握物，最後手指分化而抓物，這種「抱→握→抓」的歷程即說明了由中心到邊緣的方向法則。

肆、發展的過程：籠統→分化→統整，即一般→特殊→統整

嬰兒神經系統尚未成熟，一切活動都是籠統的、隨意的、無目標的。如幼兒必須先經過牙牙學語的階段，其後語句分

化，加上文法的靈活運用，以及智力的構思，互相統整，才可與別人溝通思想。又如上述的由「抱→握→抓」的歷程，最先的手臂、手掌的活動都屬於籠統的活動，直到後來拇指、食指、中指等的分化，加上手眼的協調，幼兒才能正確地取物。這就是說明發展的過程是由籠統→分化→統整。

伍、個別差異與性別差異

決定遺傳的因子是「基因」，但是基因的結合是一種「機遇」，人類除了同卵雙生子具有完全相同的基因外，沒有兩個人的品質會完全相同。因此，縱使我們知道父母的所有特質，我們也無法預測其子女的身心特質，這種差異的現象，心理學家稱為「個別差異」。但在幼兒期，女童之動作與語言發展均有優於男童的現象，這就是「性別差異」。

第三節　嬰幼兒生理發展特徵

壹、新生兒期生理發展的特徵

嬰兒一出生後並未進入一個自然環境，而是進入一個成人刻意改造的環境，然而在新生兒經歷這最艱難的調適過程，由

一種生存方式過渡到另一種方式時，成人是否曾留心協助這新生兒呢？許多人相信，這個世界十分關心新生兒，但我們該如何關心新生兒呢？首先我們要了解新生兒的發展、適應及需求。

出生時的發展狀況

要了解一般足月出生嬰兒的發展，必先明瞭嬰兒離開母體開始，其新生命的狀態：外貌、無助與以「哭」達到有效的溝通。其特徵可分下列三方面來探討：

(一)外貌

足月嬰兒的外貌，一般的平均體重男嬰約為 3400 公克，女嬰 3200 公克，身高 50 公分，男嬰普偏大於女嬰，頭部約為全身的四分之一。嬰兒的面部看起來短而寬，因為沒有牙齒、鼻子扁平及顎部尚未發育。四肢與身軀對頭部來講都顯得小。腹部大而凸出，臀部狹小，手足也是小型的。新生兒的淚腺不活動，頸項短得幾乎看不出來，其中皮膚皺褶重重。

(二)無助

造成新生兒無助的情況有二種原因：

1. 不能維持體內平衡：由於自律神經系統負責控制及調節人體的許多不隨意功能，如新陳代謝、心跳、腸胃蠕動、排尿等均受自律神經系統所控制。所以當新生兒出生時，其自律神經系統尚未成熟，因此新生兒常不能維持體內的均衡狀態。

2. 無法控制運動：嬰兒的運動大致分為全身及局部的二種。

全身運動的動作包含全身的普通動作，當身體的某部位受到刺激時，全身都會起反應。局部運動是指外來的刺激僅引起身體某些有限部位的活動；此局部運動也分作二部分：一般反應與反射動作，如心跳、噴嚏、呼吸、消化、瞳孔反射動作。一般反應如眼睛的轉動、打哈欠、頭部的轉動……等。

(三)以「哭」達到有效的溝通

新生兒的哭是籠統情緒的表現，照顧者不易從其哭聲了解其需求。因此父母親需用心觀察分辨新生兒的哭聲，以了解其需求。

貳、一歲嬰兒生理發展的特徵

出生頭一年是身體生長發育的第一高峰期，身高和體重成倍增長。作為心理活動主宰的大腦發展也快。小腦在一歲半時重量已增加三倍，為兒童的身體平衡和動作控制的發展提供了條件。

出生頭一年是身體動作迅速發展的第一年。動作的發展遵循三個原則：由頭至尾（頭尾律）、由中心到邊緣（近遠律）、由大動作至小動作（大小律）。乳兒期全身動作發展的順序依次為微微抬頭（一個月）→抬頭（二、三個月）→翻身（三、四個月）→抬胸（五個月）→獨坐（六個月）→手腳滑動向後退（七個月）→爬行（八個月）→從扶著站到扶著走（十個月）→獨立行走（一歲）。

手是認知事物的器官，也是使用工具和製造工具的器官。手的動作發展順序依次為：不隨意的亂動（前三個月）→不隨意撫摸（三個月起）→手眼逐漸協調地去抓（四、五、六個月）→五指活動分化地去拿（五、六個月起）→雙手配合開始擺弄物體（七個月後）。通過活動實踐，手的動作日益靈巧，手與眼的配合也更加協調。

參、一～三歲幼兒生理發展的特徵

此時期是兒童身體迅速發展的時期。兒童平均每年身高增長 8～10 公分，體重增加 3000～5000 克。二歲半～三歲時腦重量已增至 900～1000 克，為成人腦重的 2/3，身體比例的改變，使其更為挺直，容貌外觀更像成人。

此時幼兒的動作有了進一步的發展，行走動作更加平穩自如，手的動作更加靈活準確。一歲半左右的兒童已能獨走自如，二～三歲時，漸學會了跑、跳、攀登樓梯、越過小障礙物等全身性動作。透過成人反覆的示範和兒童積極的模仿，三歲兒童已逐步地學會熟練地玩弄和運用各種物體的能力。如用杯子喝水、拿匙吃飯、用筆畫圓圈、用手帕擦鼻涕、自己穿衣服、扣鈕扣、洗手、梳頭髮等等。

肆、三～六歲幼兒生理發展的特徵

此期幼兒的外觀已稍具成人的外形，頭部大小依舊，但軀

幹及四肢仍持續生長，漸漸地，亦因頸部伸長而使其頭部與身體分開，身高及體重的增加仍持續進行，但速度緩慢。通常在學齡前的幼兒身高增加較多，體重增加較少；六歲時身高已加倍，由原來的二十吋變成四十吋。

此階段由於大肌肉的發展，幼兒會不知疲倦地從事各種活動。五至六歲小肌肉開始發展，幼兒已能從事繪畫、寫字、塑造等活動。腦的重量繼續增加，到六歲時已達成人腦重的90%，大腦皮質髓鞘化到幼兒期末已基本完成。

自我評量

1. 何謂「發展」？與「生長」有何不同？解釋並舉例說明之。
2. 舉例說明「由頭至尾」、「由中心至邊緣」的發展方向原則。
3. 試觀察一位一歲和一位六歲幼兒的身體外觀，並比較其不同處。
4. 如你是嬰幼兒，你需要獲得成人哪些關懷與照顧？

2 嬰幼兒心理發展

第一節　新生兒生活的適應

　　由於胎內與外界環境的極度不同，新生兒必須快速的去適
應外界環境，否則將危及他的生命。新生兒出生後的適應有：
㈠溫度改變的適應；㈡呼吸的適應；㈢攝食的適應；㈣排泄的
適應。

新生兒的基本需求

㈠與母親的直接接觸

其重要理由有下列幾點：

1. 再度發現胎兒生活時期的參照點。（註一）
2. 知道被接納為一個「兒子」或「女兒」；與母親建立特殊優先的關係。
3. 接受母親這時期製造的特殊食物。
4. 與母親建立的溝通方式，將成為往後所有人際溝通的模式。

㈡與父親接觸的需求

父親在母親懷孕、生產時，扮演支持、鼓勵、協助的角色，正向情感和愛的表達，能改善胎兒的生存環境，並和母親共享生產經驗，一起準備好面對新生命及教養責任。

除此，父親能提供母親和新生兒在出生後前幾週的基本幫助，即在父母親和孩子共同生活中作一個「保護關卡」的角色，讓母子能充分休息，建立新的日常生活作息。同時，父親能直接透過不同的方式進入嬰兒的生活，例如經由給孩子洗澡、餵奶、換尿布、擁抱、說話和唱歌給嬰兒聽等種種的接觸，父親和嬰兒開始建立直接親子關係。父親是一個不同於母親的人，一雙不同的手，能夠以愛的力量支持其他的人。很多父子共享的感覺經驗，不但帶來互相了解的喜悅和愉快，也提供除了母親所代表之外的另一個「愛的對象」。

(三)尊重生物節奏

即是嬰兒饑餓時餵他奶，需要睡時要能睡。

(四)秩序

指為嬰兒完成事情的秩序。如，決定好要在哪裡餵食、更衣、洗澡等等是很重要的。這些重複性的活動，很快地能協助孩子發展與特定的人之關係，以及熟悉環境的機會。

(五)無礙視線和動作的充足空間。

(六)用所有感官探索新環境的需求。

第二節　一歲嬰兒心理發展特徵與輔導

壹、語言的準備

出生第一年是兒童學說話的準備期，大致經過這幾個階段：反射性的發聲階段（出生～四、五個月）→咿呀學語階段（四、五～八、九個月）→開始理解語言的階段（九個月起）→開始說話（一周歲左右）。

貳、各種認知活動的萌芽與發展

一、感覺：視覺發展方面，新生兒是近視眼，約到六個月以後

可以接近成人的視力範圍。三、四個月起可以分辨彩色與非彩色。在聽覺方面的發展，二個月時能辨別不同人的說話以及同一個人不同情感語調的聲音。在嗅覺、味覺、膚覺方面都已相當發達。

二、知覺：幼兒很早就有知覺能力。當一個陰影迎面朝向嬰兒時，出生二～十一週的嬰兒似乎感到了一種威脅，立即睜大眼睛，舉起手臂，彷彿是在保衛自己。而當陰影並未碰撞他們時，便會跟著看陰影過去，不再表現緊張。

三、此階段的嬰兒注意力極不穩定，對於一種對象的注視僅有幾秒鐘，很容易轉移到別的對象去。

四、記憶：頭一年的記憶都是不隨意記憶，記憶保持的時間很短，只能認知幾天前的對象。個體記憶按內容發展的程序看。運動性記憶出現最早（出生後兩週左右），其次是情緒記憶（半歲左右），然後是形象記憶（六～十二個月）。

五、思考：嬰兒的思考是一種前語言的思考。他們在與周圍世界的相互作用中逐漸形成了一些視覺與觸覺協調的習慣動作。透過手對物體的擺弄，嬰兒逐漸對動作的結果發生興趣。對結果的好奇心驅使嬰兒不斷重複原先由自己發出的動作。由於同樣的動作總是產生同樣的結果，逐漸地，動作就成為達到目的的一種手段，與動作的結果分化開來，從而使他認識到事物間的一些簡單聯繫，並能用已經學會的一些動作來解決簡單的問題。

參、情緒的發展

　　新生兒基本上有兩種情緒：愉快和憤怒。嬰兒的情緒都跟生理需要是否得到滿足相聯結。六、七個月的嬰兒開始對特別照料他的人，尤其是母親產生一種嬰兒特有的情感依戀，在這同時或稍後，會有一些嬰兒見到陌生人產生怕生的現象。一歲嬰兒已有懼怕、厭惡、發怒、快樂、興高采烈、情愛等情緒表現。

肆、社會性的發展

　　出生後第六週到第六個月間，是影響社會化組型之態度的「關鍵期」，兒童在這個時期與人交往的次數多少和交往的性質都會對兒童的社會化帶來有利或有害的影響。二個月後聽到人聲就會轉頭尋找，三個月時出現第一次社會性的微笑，並有一些如「追求」狀的聲音。五個月時總期待有人來抱他，六個月時對成人帶有不同情緒的聲音，如友善、斥責等聲音表現的反應也不同。六個月後對熟悉的人、陌生人的反應有明顯區別。九個月時很想模仿成人一些簡單的手勢和語言。周歲時已可因別人的警告而抑制自己的行為。

伍、個性發展

　　由於每個兒童遺傳素質和先天環境不同，因而一出生就在生理上、心理上顯示出種種個別差異。如有的嬰兒生理活動顯得很有規律，而有的嬰兒在這些方面有些紊亂；有的嬰兒對外界刺激的反應很強烈，也很喜歡探究周圍的事物，而有的嬰兒則相反；有的嬰兒較易適應變化的環境，有的則適應很慢。托馬斯和切斯（A. Tomas, S. Chess & H. G. Birch, 1968）等根據嬰兒最初幾個月的身心表現特徵，將嬰兒畫分為三種類型：一種是好養型的嬰兒，另一種是慢慢活躍起來的嬰兒，還有一種是難養型的嬰兒。除此之外，有些兒童屬於混合型。這幾種類型實際上就是兒童最初的氣質類型表現，或者說是個性發展的起點。每個嬰兒正帶著自己特有的氣質與父母、周圍的環境交互作用，逐漸形成個性。

陸、輔導要項

一、充分滿足嬰兒對營養的需求，尤其要供應足量的蛋白質，以促進腦細胞生長。目前提倡母乳餵養，因為它既可增強嬰兒對疾病的抵抗力，又可增強母子間的情感。

二、父母要與嬰兒建立親密的情感聯繫，以滿足嬰兒與人交往、身體接觸的需求。

三、重視感官功能和動作的訓練，經常為眼、耳、手、身提供

豐富而又適宜的刺激。

四、出生頭一年的行為特徵具有「先兆特性」，以後的行為特
　　徵或個性心理特點、個性傾向都將建立在最初的行為組型
　　基礎上，因而嬰兒一出生後就應注意個性品質的培養。而
　　父母應主動地使自己的行為節奏與嬰兒的行為節奏相適
　　應。

第三節　一至三歲幼兒心理發展特徵與輔導

壹、語言的發展

　　兒童從出生到二歲是學習口頭語言的關鍵期。一歲～一歲
半是兒童積極理解語言的時期。他們說的話最初都只有一個單
字，用一個字表示整個句子的意思，這個時期常稱為單字句
期。到三歲時詞彙量已達一千左右，是語言發展中的一個快速
期。

　　此外，在句子的結構方面也起了變化，從單字句轉化為雙
字句、多字句，不僅句子的字數增加了，句子結構也更複雜和
完善。不過說話中存在的語病還不少，如句子結構不夠完整、
次序顛倒、句子成分殘缺不全等現象時有發生。詞彙中絕大部
分是以動詞、名詞為主，二歲後各種形容詞陸續出現。

貳、認知發展

　　所謂「認知」指的是對於存在於外界的事物和現象的了解，起認識作用的機能被稱為認識機能。認知功能包括感覺和知覺直至記憶和思考等各種程度的心理過程。

　　瑞士心理學家，皮亞傑（J. Piaget, 1896～1980）研究兒童發現：自誕生至青春兒童思考的方式有其發展的階段，在某一年限中的兒童有一致思考體系，所以他認為零到二歲的嬰兒其智力發展屬感覺動作期，此階段之特徵：

一、認知活動是建立感官的立即經驗，是感官與環境交互作用的結果。

二、因此時幼兒的語言尚未發展良好，故無法說出其經驗，只能藉視覺、觸覺、聽覺了解環境的刺激，藉著吸吮與抓握以認知外界的事物。

三、由於尚乏記憶力，所以無論幼兒學什麼，或如何學得，每一次的學習對他而言都是一種立即的經驗。

四、六個月開始發展「視覺探索」的能力——能凝視物且眼睛會追隨發光體而移動，當嬰兒發展凝視與追隨物的能力，才能學會「物體恆久性」的概念。

五、當嬰兒智能漸長，則能了解「物體恆久性」的概念；即了解當物體從視線消失後，即使無法看到它，它卻仍然存在。

　　在感覺動作期中，可提供豐富有趣、安全衛生的物品和感

覺環境，讓幼兒透過動作與感覺來探索，發展其智力。

　　在三歲左右，幼兒多以自我為中心，又經驗有限，較難接受他人的看法，並傾向單一的明顯特徵來做分類。

參、注意和記憶

　　三歲前兒童的注意和記憶基本上都是無意識的。注意和記憶的發生都依賴客體本身的形象、生動和新奇。隨著兒童活動能力的增長、生活範圍的擴展，注意對象、記憶的內容也在擴展，注意集中的時間和記憶保持的時間也有所增長。

肆、思考和想像

　　兒童的思考是一種低層次思考，具有直覺行動性。兒童依靠感覺和動作進行思考，思考離不開動作，離開了動作也就終止思考。兒童已能按照物體的大小、顏色和形狀等將物體分類。一至二歲兒童已有了最低級的想像力，三歲兒童已能作簡單的想像性遊戲，把一種物體想像為另一種物體，也有了簡單的遊戲主題，不過，這種主題極不穩定，極易受外界環境的影響，尤其受玩具的影響。這時候玩具是兒童開展遊戲的物質支柱，遊戲離不開各種各樣的玩具。

伍、情緒的發展

情緒進一步分化,社會性情感增多,有了羞恥感、同情心、妒忌,末期還有責任感萌芽。

此時期兒童情緒表達具有易變性、易衝動性、易感染的特點。

陸、社會性的發展

一歲前的嬰兒由於身體和行動完全依附於母親和成人,無法離開成人獨自活動,所以他的社交活動只得限於親子之間,或也與家庭外的人有些接觸。一歲後,兒童逐漸學會了獨立行走,有了言語交往能力,於是跟父母的接觸頻率相對地下降,與同伴的接觸頻率逐漸上升。進入同伴世界可使兒童獲得許多社會交往的能力。但這時的遊戲大多是單獨遊戲,旁觀別的兒童遊戲;或像是在一起,實質上仍是各玩各的平行性遊戲。

柒、個性的發展

隨著幼兒獨立活動能力的增強,幼兒的自我意識逐漸萌芽,兒童初步認識了作為個體的我和我的力量。同時,兒童產生了消極、不合作的行為,拒絕接受成人的命令或要求,常以身體的抗拒、沉默、退縮等方式與成人對抗,樣樣事情都要

「我自己做」。這種「非理性的意志萌芽」在二、三歲之際發生，是兒童自我發展的正常狀態，一般在三、四歲時可達到高峰，心理學上稱這個時期為「第一反抗期」。

一歲左右的兒童還沒有行為標準，全憑個人的生理需要滿足與否而行動，且憑感情衝動而行為。他們的行為完全以自我為中心，有時連現實和想像也分不清。二、三歲兒童對行為的是非有了一點領悟，但這完全是根據成人對兒童行為所持的表情、姿態、語調等表現。幼兒是否要做這個行為，習慣養成良好與否，在這個年齡完全取決於成人。

捌、輔導要項

一、提供適合的活動場所，以加強大肌肉的練習，促進走、跑、跳、攀登、鑽等基本動作，訓練兒童手的動作技能，學會一些最基本的自我照顧的技能。以增強兒童的獨立性自信心，減少依賴性；並建立良好的自我概念。

二、三歲前是幼兒語言發展的關鍵期。這個時期幼兒不僅學說話的積極性高，而且也很容易獲得。

為了幫助兒童的語言發展，可在出生後就不斷地給與語言刺激，讓他們聽音樂、聽成人說話，多與嬰幼兒交談，鼓勵孩子說話。交談中成人的說話一定要精確。為不影響兒童說話的積極性，不要嘲笑或模仿兒童不正確的說話。

三、培養兒童有規律、有條理的生活習慣，做到按時睡覺、起床、吃飯，不偏食、不挑食。良好的生活習慣是兒童保持

愉快情緒狀態的重要保證，而愉快的情緒則是整個身心健康發展的重要保證。

四、鼓勵和培養兒童的獨立性和自主精神，滿足兒童要求獨立從事活動的願望，成人不應有過多的干預，更不能因為對兒童的活動感到不滿意或覺得其笨拙、不靈活而代替孩子來做。但同時也應注意，對於兒童提出的一些不合理的要求，必須堅決予以制止。

第四節　三至六歲幼兒心理發展特徵與輔導

壹、語言的發展

這個時期是一生中詞彙量增長最快的時期，與三歲兒童相比，六歲時的詞彙量大約增長三～四倍。幼兒已能掌握各種類詞，詞義逐漸明確，基本上掌握了各種語法結構，可以自由地與人交談。

幼兒語言發展中的另一個突出變化是有了自我中心語言「獨語」。這是一種伴隨著動作和遊戲而進行的自言自語，是一種既具有外部語言特點，又具有內部語言（註二）特點的由外部語言向內部語言轉化的過渡語言。在兒童獨自一人作遊戲，或遇到問題情境時，這種過渡語言就頻頻出現。它既可幫

助兒童出聲地思考，又能暫時滿足兒童在現實中無法實現的一些願望。

兒童從二、三歲起到幼兒階段，甚至到小學，語言發展中常會出現三種語言失常現象：口齒不清、發音含糊和口吃。

貳、思考與想像

這時期幼兒的思維出現了另一個特徵，那就是學會在動作之前就能在頭腦裡進行思考，使思考可以超越時空的限制，有了一定的目的性和預見性。但幼兒的思考仍不能離開事物的形象，思考仍屬於直覺性的思考。同時，幼兒已能對生活中熟悉的事物進行正確的推理和判斷，但限於經驗貧乏，幼兒有不少推理是不合邏輯的，經常用自己生活的邏輯和主觀願望代替事物客觀的邏輯。

幼兒已具有豐富的想像力，集中表現在幼兒的遊戲中。兒童的遊戲按照認知發展的程度來區分，有以下幾種：

一、由感官接受新奇的、愉快的刺激所引起的遊戲，及簡單的動作模仿。

二、建構性遊戲：三歲時喜歡玩泥土、黏土與沙子；堆積木。

三、象徵性遊戲：如辦家家酒。

四、創造性遊戲：如堆積木、主題遊戲或角色遊戲。幼兒的遊戲主要是象徵性遊戲和主題遊戲。

五、五、六歲幼兒的象徵性遊戲已發展到頂峰。隨著兒童生活經驗和知識的增長，許多只能在想像中才獲得滿足的東西

已成了現實，因而這類遊戲逐漸消褪，代之而起的是競賽性遊戲。

參、記憶的發展

幼兒記憶主要是無意識記憶，在教育的影響下，有意識記憶開始發展。幼兒記憶很易受成人的暗示，也很容易發生現實與臆想混淆的現象，與此相聯繫的是幼兒十分相信童話或傳說中的人物與情節，自己也會編織一些自己嚮往的卻又根本不存在的事情，成人往往誤以為是兒童在撒謊。在教育的影響下，幼兒後期有意識記憶和追憶的能力開始發展起來。

肆、情緒的發展

幼兒的情緒體驗已相當豐富，一般成年人體驗到的情緒大部分已為幼兒所體驗，只是在引起情緒的因素、情緒表現方式上還有許多不同。幼兒的情緒表現完全是外顯而缺少控制，情緒常常表現強烈。

幼兒第一次從家庭進入園所，往往會產生許多行為上的不適應，有的家庭實施早期教育，不考慮兒童的年齡特點和個體差異，一味地把家長的願望強加在幼兒身上，使幼兒產生情緒壓抑，影響身心發展。

幼兒由於因果關係的思考萌芽，所以表現好奇和好問，故幼兒期有「好問期」之稱。但幼兒的提問中有相當一部分只是

為了引起成人對他的注意，所以有的光滿足於得到成人回答，而不在於回答了什麼。幼兒還特別喜歡收集「破爛」、拆裝玩具，這些都是兒童探究性的強烈表現。

伍、社會性的發展

在嬰兒期，「成人」是嬰兒的第一個社會反應對象，三個月時會對成人有社會性的微笑，漸長嬰兒對成人的興趣遽增，有強烈的欲望希望能與成人在一起，並能與成人合作做一些例行的活動。二、三歲後，幼兒自己探索外面世界的機會越多，活動範圍隨著擴大，幼兒與成人在一起的時間愈來愈少，與其他幼兒相處的時間愈來愈多。由於幼兒需求獨立的欲望強烈，故拒絕成人權威的行為愈明顯，但仍需求成人的注意與讚美。

此階段幼兒喜歡與同伴一起玩，而且玩伴的數量也隨年齡而增加。遊戲從平行性遊戲轉向聯合性遊戲和合作性遊戲，玩伴關係也由比較輕鬆的撮合到比較協調的、有規則約束的結合，社會性遊戲的增強。

陸、個性發展

一、好奇心很強。

二、獨立性不斷發展：三歲左右的幼兒，不再滿足依成人的指示行事，開始渴望像成人一樣獨立行動。

三、堅持性隨年齡而提高：所謂「堅持性」即為個體想要努力

達到預定目的的堅持行為。隨著幼兒語言、思考、動作等能力的發展，所以，幼兒想要達成預定目的的能力增強，因此，堅持性隨著孩子的各方面發展而提高。

四、自制力不斷發展。

柒、輔導要項

幼兒期是性格形成的關鍵時期，主要的任務應是培養幼兒良好的個性品質。

一、培養幼兒與同伴友好合作、謙讓、為別人著想、講禮貌等優良品德，並透過這類活動使幼兒學會控制自己的情緒和慾望。家長和教師要特別關心那些不受歡迎的幼兒。

二、啟發和滿足幼兒的求知慾。為幼兒提供豐富而適宜的智力玩具，耐心熱情地回答幼兒提出的各式問題，並可經常提出一些智力問題，培養他們從小愛思考、愛觀察的習慣。

三、通過聽故事、講故事以及各種文化課，培養幼兒語言表達的能力，豐富詞彙量，發展連貫性語言。

註一：參照點：指孩子在懷孕期間對所發生的事有特別記憶者。有些是母親的心跳、聲音，有些是胎兒的（手摸嘴、臉、四肢和身體的動作）。這些的記憶可協助新生兒適應新環境。這些參照點是連接出生前和出生後兩個時期的橋梁。

註二：內部語言：指不出聲的語言，與思考是不可分的，其特點是發音隱蔽、語句簡略。

外部語言：指表達說出的語言。

參考書籍

許惠欣（民 81）《幼兒發展與輔導》。台南：慶堂。

魏渭堂、吳錦鳳譯（民 81）《人類的奧秘》。台北：及幼。

龐麗娟、季輝（民 84）《嬰兒心理學》。台北：五南。

高月梅、張泓（民 84）《幼兒心理學》。台北：五南。

李丹、劉金花（民 80）《兒童發展》。台北：五南

邱維珍譯（民 88）《兒童發展導論》。台北：五南。

自我評量

1. 新生兒有哪些需求？

2. 何謂「獨語」？獨語對幼兒的發展有何影響？

3. 敘述三～六歲幼兒想像力發展的現象。

4. 試觀察一位幼兒與人互動的情況，並記錄下他與成人、小孩的互動是主動或被動，互動的內容為何？

5. 試分組觀察記錄不同年齡的幼兒，在活動時的語言、認知發展，並討論分析其內容。

6. 觀察並記錄幼兒園中，幼兒常玩的遊戲有哪些？男童與女童的遊戲內容是否有不同？

本篇彙整

1. 發展是指「量」的增加以及「質」的改進。生長則是指「量」的增加。「發展」定義為：個體在生命期間，其身心發生質量改變的歷程。

2. 影響發展的因素：人類的發展受遺傳、環境和時間交互作用的影響。

3. 發展的一般原則：人類的發展雖因人而異，但經觀察研究可發現不外乎依循以下幾項原則：(1)連續性與階段性。(2)發展的速率非固定不變的，而是先快後慢。(3)發展的方向是由頭至尾和由中心到邊緣的發展。(4)發展的過程：籠統→分化→統整，即一般→特殊→統整。(5)個別差異與性別差異。

4. 新生兒生理：足月嬰兒的外貌，一般的平均體重男嬰約3400公克，女嬰3200公克，身高50公分，頭部約為全身的四分之一。不能維持體內平衡，無法控制運動，缺乏溝通能力，知覺器官尚未成熟。

5. 嬰兒期全身動作發展的順序依次為抬頭→翻身→抬胸→獨坐→爬行→從扶著站到扶著走→獨立行走。

6. 五至六歲小肌肉開始發展，腦的重量繼續增加，到六歲時已達成人腦重的90%。

7. 新生兒出生後的適應有：(1)溫度改變的適應。(2)呼吸的適

應。(3)攝食的適應。(4)排泄的適應。

8. 出生第一年是兒童學說話的準備期，大致經過這幾個階段：反射性的發聲階段（出生至四、五個月）→咿呀學語階段（四、五至八、九個月）→開始理解語言的階段（九個月起）→開始說話（一周歲左右）。

9. 一歲幼兒認識到事物間的一些簡單聯繫，並能用已經學會的一些動作來解決簡單的問題。

10. 六、七個月的嬰兒開始對特別照料他的人，尤其是母親產生了一種嬰兒特有的情感依戀。

11. 嬰兒的個性分為三種類型，一種是好養型的嬰兒，另一種是慢慢活躍起來的嬰兒，還有一種是難養型的嬰兒。

12. 兒童從出生到二歲是學習口頭語言的關鍵期。

13. 三歲的幼兒已能認識紅、黃、藍、綠等幾種基本色。能辨別物體遠近、上下，思考是一種低層次思考，具有直覺行動性，兒童依靠感覺和動作進行思考。

14. 三歲的幼兒，其遊戲大多是單獨遊戲，旁觀別的兒童遊戲，或平行性遊戲。

15. 二～三歲幼兒的自我意識逐漸萌芽，產生了消極、不合作的行為，心理學上稱這個時期為「第一反抗期」。

16. 三～七歲幼兒開始產生自我中心語言「獨語」。這是一種伴隨著動作和遊戲而進行的自言自語。

17. 兒童從二、三歲起到幼兒階段，語言發展中常會出現三種語言失常現象：口齒不清、發音含糊和口吃。

18. 幼兒由於因果關係的思考萌芽，所以表現好奇和好問，故

幼兒期有「好問期」之稱。

19.三～六歲幼兒的遊戲從平行性遊戲轉向聯合性遊戲和合作
　　性遊戲。

第五篇

幼兒教保目標與活動內容

第1章　教保目標
▱ 托兒所與幼稚園教育目標
▱ 托兒所與幼稚園課程目標

第2章　幼兒活動內容
▱ 幼兒活動內容設計原則
▱ 幼兒身體發展活動（健康）：健康的身體、健康的心理、健康的生活
▱ 幼兒語文活動：傾聽、說話、閱讀
▱ 幼兒常識活動：社會、自然科學、數學
▱ 幼兒音樂活動：唱遊、韻律、欣賞、節奏樂器
▱ 幼兒美術活動：繪畫、設計、雕塑、工藝

前言

　　「幼兒教保活動」顧名思義是指引導幼兒的學習活動，在我們了解幼兒的同時，也要知道如何幫助他們；孩子的學習方式是以遊戲來進行。因此，需透過具體的活動，讓孩子在寓教於樂中學習發展。本篇「幼兒教保活動」的課程學習，是在幫助幼教人員建立正確的幼保活動概念，並獲得基本的幼兒教保活動內容的知識。

　　本篇「幼兒教保活動」的課程學習內容包括：(1)幼兒教育目標；(2)幼兒活動設計的原則；(3)身體發展活動、語文活動、常識活動、幼兒音樂活動、幼兒美術活動等五大項幼兒活動內容；分別以活動目標、活動內容、活動指導策略及活動教學範例等來做概略介紹。

　　希望藉此概要的內容，能讓同學對幼兒的活動內容有基本的認識，並對將來學習「幼兒活動設計」的課程時有所幫助。同時，期盼同學能本著童心（好奇、勇於嘗試、歡喜），透過各種學習方式（找參考資料、請教有經驗的幼兒教師、觀摩）來自我充實，以提升幼教知能。

1

教保目標

第一節　托兒所與幼稚園教育目標

　　從幼兒的學習成長而言，家庭、社會、幼稚園與托兒所皆對幼兒有所影響。然而隨著社會的進步、改變，幼兒教育須要有目的、有組織，以專業教育方式來實施，因此托兒所和幼稚園對幼兒的教育，必須以幼兒發展為主，並配合國家政策來規畫、訂定有系統、有目標的完善幼兒教育。因此，探討了解托兒所與幼稚園的教育及課程目標，為從事幼兒教育工作者必備的知識。

一、根據民國七十年八月十五日內政部修訂之托兒所設施標準，托兒所之教保目標為：

㈠增進兒童身心之健康。

㈡培養兒童優良之習慣。

㈢啟發兒童基本之生活知能。

㈣增進兒童之快樂和幸福。

二、根據民國七十年十一月六日公布之幼稚教育法，幼稚教育目標為：

㈠促進幼兒身心健康。

㈡培養幼兒良好習慣。

㈢充實幼兒生活經驗。

㈣發展幼兒潛在能力。

㈤促進幼兒快樂和幸福。

㈥培養幼兒仁愛精神及愛國觀念。

第二節　托兒所與幼稚園課程目標

　　隨著教育目標的訂定，托兒所及幼稚園各發展出一套課程，以幼稚園課程標準來說，便分成健康、語文、工作、音樂及常識五大領域來呈現。

　　托兒所方面，幼兒教育課程設計無課程標準，但在設施標準中列有教保內容，其中活動與輔導的項目為遊戲、音樂、工

作、故事歌謠及常識五項，獨缺「健康」；但另有生活習慣的培養，及健康保健的規定。

關於課程領域，以美國的情形來說，不同的幼教專家所提出來的課程領域項目也不一，費尼、克利斯坦生與摩拉夫奇克（Feeney, Christenson & Moravcik, 1984）則依幼兒的發展需求，分為四大領域：身體發展、溝通、創造性及探索性課程。

語言、數學、社會、科學及藝術等項目，雖以不同的字詞出現，但受到不同學者的相同重視；同時，也反映在國內幼教課程的目標上。現分述於下：

壹、托兒所課程目標

課程目標的設定，須探討每一目標對幼兒的幫助是什麼，因此，需深入了解幼兒能力、興趣和學習本質。學前兒童在他們的教育經驗中所需要的，並不是一堆雜亂的活動；他們需要的是一個以了解他們的發展為基礎的課程，亦即老師在實際開始設計課程之前，就應清楚知道自己為什麼要設計這個活動，讓幼兒在參與活動之後能獲得知識、技能、情意等各方面能力的增強。以下為幼兒所需的各種課程目標。

一、遊戲

(一)增進身心健康與快樂。

(二)滿足愛好遊戲之自然心理，學習適當的遊戲活動。

(三)發展筋肉之連合作用，訓練感覺與軀肢之靈敏反應。

㈣培養互助、合作、樂群、守紀律、公正等良好習慣。

二、音樂

㈠滿足唱歌慾望、增進生理上各部分器官之活力。
㈡啟發並增進欣賞音樂能力。
㈢促進發聲器官以及節奏感覺,並訓練其節奏動作。
㈣發展親愛、合作、快樂之精神。
㈤引發對事物之興趣。

三、工作

㈠滿足工作上之自然需要。
㈡養成操作習慣,增進工作技能,並鍛鍊感覺能力。
㈢訓練群體之活動力。
㈣發展智力。
㈤培養美感。

四、故事與歌謠

㈠陶冶性情,提高興趣。
㈡發展想像力。
㈢練習說話、吟唱,並增進發表能力。
㈣發展對於故事的創作能力,培養快樂與親愛之情緒。

五、常識

㈠啟發對於自然環境與社會環境之觀察及欣賞力。

㈡增進利用自然、滿足生活，與組織團體等之初步經驗。

㈢引導對於「人與自然及社會之關係」之認識。

㈣養成愛護自然物及衛生、樂群、互助、合作等良好習慣。

貳、幼稚園課程教學目標

一、健康

㈠滿足幼兒身心需要，促進幼兒身心均衡的發展。

㈡充實幼兒健康知能，培養幼兒健康習慣與態度。

㈢鍛鍊幼兒基本動作，發展幼兒運動興趣與能力。

㈣擴展幼兒生活經驗，增進幼兒社會行為的發展。

㈤實施幼兒安全教育，協助幼兒獲得自衛的能力。

二、音樂

㈠滿足唱歌慾望，增進生理上各部分器官之活力。

㈡激發幼兒愛好音樂的興趣。

㈢培養幼兒基本的音樂能力。

㈣啟發幼兒對音樂的表現能力。

㈤發展幼兒親愛、合作、快樂、活潑的精神。

三、工作

㈠滿足幼兒對工作上的自然需要。

㈡培養幼兒良好的工作習慣與態度。

(三)促使幼兒認識工作材料及工具的使用方法。

(四)擴充幼兒生活經驗,並培養工作的興趣。

(五)增進幼兒欣賞、審美、發表及創造的能力。

四、語文

(一)啟發幼兒語言的潛能,增進幼兒語言的能力。

(二)培養幼兒說話與聽話的良好態度與習慣。

(三)增進幼兒欣賞、思考和想像的能力。

(四)培養幼兒閱讀、問答和發表的興趣。

(五)陶冶幼兒優美的情操及健全的品格。

五、常識

(一)啟發幼兒對於自然現象與社會生活的關注與興趣。

(二)引導幼兒觀察與分析自然和社會環境。

(三)培養幼兒愛護自然及社會生活的習慣與態度。

(四)激發幼兒對數、量、形之學習興趣,並有簡單應用的能力。

(五)培育幼兒學習自然科學的正確概念、態度與方法。

因為幼兒教育目標與課程目標有層級之別,所以托兒所與幼稚園的教育目標,先是以較籠統廣泛的「一般性目標」,如:「增進兒童身心之健康」來敘。而課程目標雖也是以一般性目標的形式來敘寫,但字句內容上已較前者具體;且包括各領域課程所要達到的知識概念的學習、能力的培養與學習、操作技術的學習、態度及習慣的學習等。不過,敘寫時仍使用培

養、養成、增進、促進、啟發、激發、引導、擴展、充實等動
詞，如：「培養幼兒良好的工作習慣與態度」。

自我評量

1. 為什麼要訂定幼兒教育目標？
2. 試比較托兒所與幼稚園之教育目標的不同。
3. 試找出與各課程領域有關的活動，並寫出這些活動的教育
   目標。

2 幼兒活動內容

第一節　幼兒活動內容設計原則

　　嬰幼兒的活動設計，必須根據嬰幼兒的年齡、身心發展、需要及興趣，依照教保目標，斟酌環境的資源及教師本身的專業知識與技術，來滿足幼兒的學習興趣，充實幼兒的生活經驗，發展幼兒的潛能。

　　嬰幼兒活動內容的實施是整體性的，每項活動的進行，都具有多重的意義與教育目的，如繪畫活動不僅促進幼兒細小肌肉發展手眼協調，同時從繪畫動作中得到喜悅，並發展創造力

與想像力，使情緒得以舒展，從作品中得到滿足和快樂。

壹、課程設計與教材選擇、組織

一、活動課程設計

活動課程須如何設計，才能滿足幼兒需求幫助幼兒發展？老師在設計活動課程時須考慮下列要項：

(一)適應個體的需要和能力

嬰幼兒時期是身心發展變化最快速的時期，其學習和需求、發展、興趣均有個性差異，因此編訂課程時，需配合嬰幼兒興趣、能力及需求，以幫助其身心的發展。

(二)以直接經驗和實際生活為基礎

經驗主義者認為，人類的知識和經驗最初是透過感官和動作與環境互動而獲得。嬰幼兒從實際生活中所發生的學習動機非常自然，很容易產生興趣。因此，適合嬰幼兒發展的活動課程，必須以嬰幼兒的實際生活為主，讓幼兒獲得直接經驗和概念。

(三)配合各學習領域

教保活動課程的設計應顧及幼兒的經驗、能力、興趣及需求，幼兒的學習是以整體知覺獲得完整的知識。因此，活動課程教材、教學方法的設計，可以一種活動融合各課程領域，包括社會、自然、體能、音樂、美勞工作、語文等形成一完整的學習經驗。例如：「可愛的動物」主題活動，可透過參觀動物

園、飼養動物、閱讀、創造性活動（美勞、音樂、律動、語文）、社會等學習活動，讓孩子獲得完整的動物概念，並培養幼兒負責任的行為和建立人與動物、自然和諧相處的觀念。

二、活動教材的選擇

　　幼兒活動的設計，應以幼兒為主、教師為輔。因此，教師在確定幼兒的課程活動目標時，需要適當的選擇與組織各種教材，配合各種生動的教學法，讓幼兒能在寓教於樂的情境中生活學習。關於幼兒教育課程教材的選擇，可依據下列要項：

(一)根據幼兒教育目標

　　選擇教材最主要的一項原則，是根據教育目標。（關於我國現行的幼兒教育目標，請參考第五篇第一章）

(二)配合園所的教育理念

　　現在幼教潮流已走上多元化的教育，因此園所為發展教育理念達成教育目標，需選擇設計符合園所教育目標的活動教材。例如：園所採「開放式」教學，強調幼兒學習的興趣與自發性，則其教材選擇以能自由操作、探索為取向。

(三)配合園所的設備、經費及善加利用社會資源

　　為使幼兒活動順利進行，以滿足幼兒需求，需有豐富的教學資源來配合。因此，園所需提供經費、現有教材、設備；同時可多利用當地社會資源，如公園、農場、超級市場、水族館、文化中心……等，以彌補園所經費設備的不足。

(四)配合幼兒生活的經驗

　　幼兒的概念經驗多由日常生活中直接獲得，且此階段教育

以培養幼兒生活常識及能力為基礎。因此，教材的選擇，應偏重幼兒的生活內容，務使教材和幼兒經驗互相銜接，以達學習的效果。

(五)依幼兒的身心發展、興趣來選擇

教師需從嬰幼兒發展的理論與實務經驗中了解幼兒的能力、興趣，以此為依據選擇適合孩子學習的教學內容。如此，活動內容較能為幼兒接受，而樂於參與學習，以達教育目的。

三、教材組織的方法與原則

(一)教材組織的方法

教材經選定後，應合理而適當地來加以組織，才能發揮教材的高度效能。教材組織的方法，通常有論理的組織和心理的組織兩種。所謂論理組織法，就是依照教材自身的系統，作一種有規則的排列。此種組織法的優點，在於能使學習者獲得有系統的知識；其缺點為教材不易符合幼兒的興趣、需要及能力。例如：歷史課由古至今、由近而遠的教材組織，課程內容由淺至深有條理的編排，但因幼兒的學習以生活經驗及興趣為主，所以不符合幼兒的能力、興趣及需求。

另一種為心理組織法，即是根據學習者的經驗、能力、興趣和需求等來組織教材，以學習者的經驗為教材的出發點，而逐漸擴大其範圍，不必顧及教材本身系統的完整與否。其優點是教材適合幼兒的能力、經驗及興趣；而其缺點則為教材組織多不能兼顧學科本身的論理系統，幼兒不易獲得有系統的知識。由於此種教材組織方法配合幼兒的能力、經驗、需要和興

趣,所以教材是多元化、活潑、生動富彈性,適合幼兒學習。

(二)課程內容組織的原則

　　課程內容經過選擇,並決定組織的方法之後,還應依據適當的原則加以合理的排列,以便教師教學和幼兒學習。教材排列的原則可分三項:

1.繼續性

　　強調縱的組織,也就是將課程中新包含的主要因素,予以「直線」的重複敘述。

2.程序性

　　即由舊經驗到新經驗,新教材要建築在幼兒舊經驗的基礎上,以舊經驗作出發點,漸引入新經驗。

3.統整性

　　乃指學習經驗橫的聯繫,把不同而相關的部分組織在一起,再加以統整。

舉例 單元名稱「花花世界」中安排三個活動主題。

　　　活動一:美麗的花

　　　活動二:我是小園丁

　　　活動三:花藝 DIY

1.繼續性:在三個活動中,均以「花」為探討活動內容。

2.程序性:由活動一「美麗的花」為開始,從欣賞、認識花,讓幼兒感到興趣,進而引導幼兒種植、照顧花,以了解花的成長過程。培養愛花、賞花的態度,最後透過花藝造型活動,了解花在我們生活中的重要性。

3.統整性:在最後花藝造型活動中,統整幼兒對花的造型、

種類、成長及用途的所有概念。

貳、教學策略計畫、實施方式及評量

一、活動課程教學策略

　　一位教師如何傳授知識、技能及價值觀給幼兒，依他們所選擇的教學方法而定。這個要素是教育過程中最具挑戰性及創造力的過程；要決定某種教學方法時，教師應該考慮以下各項目：

㈠在每一節中，只傳達少數簡單的概念。

㈡對學前幼兒而言，每一活動時間需視孩子的興趣來決定。

㈢班級大小、兒童年齡、教材類型和可利用的資源。

㈣強調概念的正面意義，避免「做和不做」與「好和壞」的混淆。

㈤鼓勵幼兒參與的方法。

㈥讓孩子有重複學習的機會（以增進學習效果）。

㈦用鼓勵與增強的方法來肯定孩子的學習。

二、教學計畫

　　教師的一天可能充滿很多意想不到的事情。教學計畫是在鼓勵教師事先做好教學的計畫與組織教學活動，可增進教室中教學與學習經驗的效率；因為教師與保育人員事先做好一切準備工作，在教材的運用上也就更加能夠得心應手。一套教學計

畫的撰寫模式，隨教師的個別性而不同；然而，教學計畫的基本特徵應包括：

(一)主題與概念。

(二)明確的目標。

(三)教材資源。

(四)學習活動的步驟、評量與改進建議。

　　教學計畫應該包含必須的內容，教學目標中應該清楚指出期望幼兒學習的內容，具體地說明教材的性質與使用方法，以及學習活動裡需要的安全預防措施，都是包含在內的必要部分。

三、實施幼兒活動課程的方式

(一)成人指導或團體討論。

(二)應用視聽教材，如影片、投影片、模型、標本、錄音帶的運用。

(三)示範與實驗。

(四)印刷教材：如小冊子、海報、圖表、評估資料。

(五)教師所做的展示，如海報佈告欄、小冊子。

(六)在學習經驗中，讓兒童積極地參與是最能激發學習的方法。

　　兒童參與活動時注意力較為集中；此種方法對兒童尤其有吸引力，且能增加學習與記憶。在學習中讓兒童積極參與的一些方法包括：

　1.戲劇表演。

　2.校外旅行：參觀醫院、百貨公司、體操教室、超級市場、

農場。

3. 美勞活動：包括由兒童創作的海報、公告欄、展覽、圖片或絨布公佈欄。

4. 實際經驗：洗手、刷牙、購買物品、烹飪計畫、種植、照顧動物。

5. 木偶戲：生病的照顧、防衛陌生人。

6. 遊戲及歌唱。

　　教師若能將這些教學方法靈活的組合應用，對於維持兒童的興趣可能很有用；尤其是一個單元需要應用多時段的時間來完成時，各課程領域的概念必須融入在兒童的遊戲中，以提供完全的整合。

四、評量

　　評量之目的在於，測定教育目標與教學方案究竟被實現了多少；其方法有四種：

(一)前評量

　　指在實施教學活動之前先評量，以了解幼兒在開始學習前所具備的能力，做為引導幼兒之參考。

(二)形成性評量

　　指在教學過程中實施的評量。亦即配合幼兒的學習狀況，隨時調整活動進行的內容所進行的評量。

(三)後評量

　　教學活動實施之後的評量，與前評量比較，就可了解學生學習新經驗的狀況，是否達成教學目標。

㈣追蹤評量

　　在教學完成一段時間後再予以評量，藉以了解學生一度獲得的學習效果，是否仍舊存在。

自我評量

1. 分組訪問三位幼兒教師，記錄、報告她們如何設計活動？及較常採用的活動方式有哪些？

2. 請參觀一所園所，蒐集該園所活動單元主題的安排資料，並加以探討分析，是否符合繼續性、程序性及統整性的教材組織原則？

3. 試論教材組織的方法：「心理組織」與「論理組織」之優缺點及其適合的對象。

第二節　幼兒身體發展活動（健康）

壹、身體發展活動對嬰幼兒的重要性

一、教導幼兒生活習慣、安全習慣的養成，可從活動中經由老師等成人的示範，或從活動中參與、體會過的真實經驗中學到，以培養幼兒基本良好的習慣，奠定將來人格、性格發展的基礎。

二、透過食物與生理的相關活動，讓幼兒建立正確的營養觀念，以減少偏食而能攝取均衡及足夠的營養，促進身體的成長及維護身體的健康。

三、在生活化的活動中學習，也就是藉由身體各種感官與外界接觸的經驗來蒐集消息、建立能力，在整個過去中，幼兒除了認識自己的身體、建立自我概念之外，同時也培養生活的其他能力，並認識到環境與自我的關聯性。

　　因此，幼兒教保課程將身體領域健康課程分為三大方向來探討：健康的身體、健康的心理、健康的生活。針對這三大範圍設計幼兒的學習活動，並以日常生活及遊戲的方式進行，使幼兒學習到自我的認識、建立健康的人生觀，以及學習建立健

康環境的觀念，幫助幼兒各方面的成長，以達成培養身心健全的健康兒童。

貳、健康課程領域

幼兒教育的首要目的，在培養健康、活潑、健全人格的幼兒。因此，在實施幼兒健康課程時，其教學內容應首重身體的探索與認識，進而建立良好生活習慣，以建立幼兒正確的健康知識和生活態度。為培養幼兒健全人格，在健康科課程中可設計增強建立幼兒正向社會行為，並學習表達與處理情緒等活動。同時，因幼兒缺少生活經驗和常識，常發生意外危險；故需增加幼兒生活安全常識和簡易意外急救處理的活動課程，以幫助幼兒獲得健康、安全、快樂的生活。

參、健康課程領域教學活動

一、健康的身體之教學活動

成人為幫助幼兒獲得健康的身體，除了給與適當的照顧外，尚需供給他們合宜的教育，使他們學習對自己的健康負責。因此在園所有必要提供幼兒健康的知識和技能、態度；有關健康的觀念、知能可融入日常生活經驗中，也可藉著各種活動、模仿、練習而建立。

(一)認識自己的身體

　　身體是幼兒與外界的連繫，透過感官、動作蒐集各種訊息，建立自我的認識。一個健康的兒童會運用身體、感官探索學習，而作為其他各種發展的基礎。因此教師為幼童設計學習活動時，必須從「認識自己」做為引導之起點。

　　以下為「健康的身體」活動示例：

活動名稱　畫身體

☺適合對象：三～四歲

☺活動目的：

　　1. 幫助孩子了解人們身體的相同與相異處。

　　2. 幫助幼兒辨認與接受自己的身體特徵。

　　3. 認識身體各部分的名稱。

☺情境：室內或戶外的個別或小組活動。

☺材料：大張紙、拼貼材料、蠟筆、粉筆。

☺活動方法：

　　1. 要每個孩子躺在大張紙上，讓教師順著輪廓畫線。

　　2. 準備好筆及拼貼材料供孩子裝飾。

　　3. 討論圖畫紙上不同的身體部位。

☺建議：

　　1. 同樣的活動可以搬到室外，把輪廓畫在水泥地上，然後用彩色粉筆來裝飾。

　　2. 大一點的孩子可以彼此畫輪廓。

　　3. 別忘了請一位小朋友畫妳的輪廓。

活動名稱　神祕的禮物

☺適合對象：三～五歲

☺活動目的：

　　1.促進幼兒感官知覺的發展。

　　2.建立軟硬、平滑與粗細、厚薄、輕重、形狀……等概念。

　　3.增進生活經驗。

　　4.培養探索的能力與興趣。

☺材料：神祕箱、日常用品、玩具、蔬果……等。

☺活動方法：

　　1.挑選一些形狀、質地、尺寸有趣的物品，如球、小石頭、樹葉、鑰匙、繩子、胡蘿蔔、蘋果、尺……等物品各二份。

　　2.將這些物品讓幼兒觀察、發表其名稱、感覺經驗、功用、屬性……等，老師藉以了解幼兒前經驗。

　　3.老師示範探索物品的正確方法及說出感覺後，將物品一一傳給幼兒探索，以建立幼兒正確感覺經驗的概念及表達。

　　4.當幼兒對物品的名稱及感覺有粗淺概念時，將一份物品放入神祕箱內，另一份相同物品放置托盤上以便對照。

　　5.老師先示範玩法後，請幼兒依老師指示在神祕箱內拿出所指示的物品。如請幼兒拿出球，幼兒可看另一份

對照的物品，手伸入神祕箱內憑觸感拿出球，如拿錯時，大家一起探討比較二物間的異同點，以增加幼兒概念。

6. 當幼兒能力增加後取消對照物。請幼兒先在神祕箱內找一物但不拿出，請幼兒描述該物之特質、功能，讓其他幼兒依提示說出此物品名稱後，再請幼兒拿出該物品看是否正確。以此類推，讓每一幼兒參與活動。

備註：

1. 此活動物品依幼兒的能力而定，物品的種類由少至多，物品的屬性差異由大至小。

2. 也可將物品以布包著讓幼兒探索。

㈡生活習慣的養成

1.幼兒基本習慣的內容

習慣的養成，對幼兒將來人格、性格的發展具有重要的意義。一個人有良好的習慣和行為，便容易獲得朋友，做事也容易獲得成功，因此良好習慣的養成對個體來說非常重要，尤其是在嬰幼兒的時期。因為這個時期，幼兒各方面的發展迅速，可塑性和模仿性最大，容易接受成人的行為指導，如果錯過這個時期，幼兒的一切都定型，良好的習慣不但不容易養成，已養成的壞習慣，也不容易糾正。嬰幼兒所養成的習慣內容，必須依據其身心發展的狀況，換句話說，必須顧及其能力、年齡、興趣，把握適當的時機，不宜過早，也不宜於過遲。

幼兒須養成的生活習慣包括：飲食、睡眠、排泄、穿衣、收拾、清潔、社會生活等七項。

2.養成基本習慣的條件

(1)預備培養習慣的環境：家庭、幼稚園或托兒所必須要為幼兒準備好各種養成習慣的設備。

(2)須要不斷地重複與練習：所謂習慣，是指一種行為經過長時間不斷地重複與練習，最後自然定型。然而幼兒的記憶力往往不能保持長久，因此要養成他們良好的習慣，首先父母或老師必須具備耐心，要時常提醒幼兒、輔導幼兒、鼓勵幼兒，讓他願意不斷重複地去做。

(3)按照順序：每種習慣在養成的過程中均有它的重點和動作的先後順序。例如每次洗手之前，要先把袖子捲起，然後再洗手，洗好手之後要用毛巾擦乾等。訓練時要從

一開始就把動作做分析，依先後次序的正確方法，示範
給孩子模仿學習。

(4)把握養成習慣的發展時期：養成習慣，必須要配合嬰幼
兒身心發展的狀況，過早或過遲都不容易養成良好的習
慣。父母要詳加觀察孩子的身心發展狀況，把握適當的
時機，才易收到效果。

(5)要讓嬰幼兒對該習慣有興趣：在嬰兒期的習慣養成，需
要父母的注意與協助，否則所有習慣將無法養成，如定
時餵奶、日間固定的作息時間（洗澡、體操、空氣浴等
等），與夜間休息睡眠的習慣等均須父母的細心照顧才
能養成。但到了幼兒期以後，一方面仍需要父母的注意
協助與幫助，更重要的是要讓幼兒對學習感到興趣，在
自動自發的心情下去做。

在幼兒園，教師可設計各種有趣的活動，如：以
「培養良好的飲食習慣」為例，教師可設計種植蔬菜、
烹飪、參觀菜市場……等活動，來建立幼兒正確飲食觀
念和習慣。

(6)要給與鼓勵、支持與協助：習慣的養成，必須經過長時
間的學習，因此父母或保育人員，首先須具有耐心和愛
心。當幼兒不會做或者失敗時，父母及保育員就要給與
協助。對於他不熟練的學習技巧，能予以接受並給與正
確的示範，而不加以責備，允許他慢慢學習、慢慢成
長。有時候可以用鼓勵、獎勵、言語稱讚、激勵等方法
來增強幼兒的好習慣。

活動名稱　隨氣候變化而適當穿著

☺適合對象：四歲

☺目的：

　　1. 了解衣服可保護我們的身體。

　　2. 在不同的氣候中，能夠選擇適合的衣著。

　　3. 幼兒能夠做到穿著技能中的兩項：扣上鈕扣、拉上拉
　　　 鍊。

　　4. 能適當保護及貯存衣物。

☺材料：

　　　　一間服裝店的陳設物，如衣服、收銀機、價目表、內
　　有童衣圖片的舊雜誌或目錄；牙膏和紙或報紙；縫在衣服
　　上的鈕扣、按鈕、拉鍊；玩偶及玩偶的衣服；書籍及圖
　　片。

☺學習活動：

　　1. 協助兒童開一家服裝店。同時提供男孩與女孩的服
　　　 裝，包括在不同氣候下可能穿的衣物。講述穿著衣物
　　　 的目的，以及它如何保護我們的身體。幫助兒童分辨
　　　 在不同氣候下，所穿衣服的質料也不同；例如，短袖
　　　 與長袖、亮色與暗色、質料的厚與薄等。

　　2. 讓兒童選擇兩種不同季節或氣候下的適當衣物圖片；
　　　 給他們舊的雜誌，他們可從中選擇適當衣服的圖片；
　　　 陳列完整圖片。

　　3. 提供兒童幾件衣服，上面縫有鈕扣、拉鍊、按扣。協

助兒童親自操作這些東西。拿一些可用的衣服，讓幼兒練習穿衣與脫衣。

☺評量：

1. 兒童至少能夠選擇兩種適當衣服，在三種不同型態的氣候穿。

2. 兒童能完成以下技能中的兩種：扣上扣子、接上鈕扣、拉上拉鍊。

3. 兒童掛好個人的衣物、帽子、外套、運動衫、雨衣，至少能做到三件。

（三）日常生活教育

　　幼兒在日常生活中看成人做家事，如擦桌椅、掃地、洗衣、澆花……等，會興起模仿的念頭。這種模仿的意願是自發性的，日常生活的練習活動在眼前看來並不具有實用性，但卻是幫助幼兒適應環境，進而達成人格獨立、自由的必要工作。幼兒藉著工作而建構自己，從日常生活工作中獲得滿足、健康。因此教師可參考蒙特梭利原理為基礎，設計美的、簡單的、難度孤立的工作材料，給幼兒精準的動作示範，讓幼兒透過自發的模仿與重複練習，以發展內在紀律、獨立。

　1.日常生活教育實施原則

　　(1)讓孩子親自參與、親手操作、獨立操作。

　　(2)可依孩子個人的能力、活動步調和方式進行，尊重幼兒的個別差異。

　　(3)孩子可做自由的選擇；也有觀察的自由。

　　(4)讓幼兒有反覆操作的機會，不應受時間或次數的限制。

　　(5)讓孩子有犯錯的機會，讓幼兒能在活動進行過程中，有自我學習和糾正的機會。

　2.日常生活教育目的

　　(1)手眼協調(2)行動協調(3)獨立自主(4)專心、注意力集中(5)秩序感(6)邏輯概念(7)負責任(8)社會化、社會能力的培養(9)合作(10)健康平衡的性格發展。

　3.日常生活教育內容

　　(1)基本動作

　　　①拿取東西：用雙手以不同的方式拿取各類物品，如：

盒子、籃子、托盤、掃把、拖把、水壺、水桶、畚
箕、海綿、抹布等。

②搬運、移動、放置物品：用雙手抬舉、搬動物品，
如：椅子、桌子、地毯等。

③旋轉、壓、拉：開關不同形式的瓶子或盒子；螺絲起
子和螺絲釘，或螺絲釘和螺絲帽等。

④舀：使用不同種類的湯匙、勺子等用具，讓幼兒對其
手部的控制或對工具的使用更純熟、靈活。

⑤夾：使用夾子或筷子等用具練習夾取的動作。

⑥抓：用二指（食指及拇指）或三指（食指、拇指和中
指）抓取物品，如木珠、豆子、絨球等。

⑦倒（乾穀、水）：使用相同或不相同的容器盛裝不同
的內容物，練習手掌、手腕和手臂的協調與控制能
力。

⑧摺疊：如摺方巾或衣物等。

(2)照顧個人

①穿脫衣服、掛衣服、摺疊衣服。

②衣飾框：鈕釘、按扣、鉤子、拉鍊、皮帶釘、繃結、
蝴蝶結、別針。

③穿脫襪子鞋子。

④扭毛巾、擦臉。

⑤洗手、刷牙。

⑥整理儀容、梳頭髮。

⑦擦皮鞋。

⑧食物製備。

(3)維護環境

　　①撢灰塵。

　　②掃地、拖地。

　　③打翻水的處理。

　　④擦鏡子。

　　⑤擦銅器。

　　⑥清理地毯或墊子。

　　⑦擦桌子。

　　⑧洗手帕、掠乾、熨燙。

　　⑨照顧植物（清理、澆水、栽種）。

　　⑩插花。

　　⑪照顧小動物（清理、餵食）。

(4)生活禮儀

　　①打招呼，問安、告別。

　　②應答的方法──請……、謝謝、我可不可以……。

　　③開關門的方法；進入或離開房間的禮儀。

　　④物品的遞交與使用。

　　⑤小主人、小客人。

　　⑥餐桌禮儀。

　　⑦電話禮儀。

　　⑧插嘴、提出問題的方法。

　　⑨輪流與等待。

　　⑩上、下車的注意事項；交通安全規則。

(5)自我控制

　①走線。

　②安靜或靜默遊戲。

4.日常生活教學活動示例

　日常生活中有許多活動能促進孩子的眼手協調，適合三歲以前孩子做的，大致包括：丟、抓、倒、夾、穿、剪……，成人不妨利用身邊隨手可得的素材設計活動，讓孩子練習。

活動名稱	夾起來

☺適合年齡：兩歲以上

☺目的：小指運作、眼手協調、獨立

☺材料：保鮮盒或薄邊杯子、衣夾（二至三種顏色）、紙板
　　　　（畫一貓臉，左右各黏上三根鬍鬚）

☺方法：

　　1. 媽媽或老師示範夾的動作，再由寶寶跟著。當孩子把
　　　　衣夾拿起時，提醒孩子須用力，可將手放在孩子的手
　　　　指上，稍加使力，幫助他把夾子打開，使他體會到
　　　　「夾」的動作。

　　2. 將夾子夾在保鮮盒或杯子的邊緣。

　　3. 當孩子會使用夾子後，再引導孩子將夾子夾在貓臉的
　　　　鬍鬚上，一根鬍鬚夾一隻，夾滿六根鬍鬚。再將衣夾
　　　　拿起，放回保鮮盒中。

☺提示：

　　1. 此活動的重點，在於教孩子使用夾子，不宜同時要求
　　　　孩子辨認正確的顏色，否則可能會打斷孩子的興趣。

　　2. 準備另一個不同種類的夾子，讓孩子自己去發現它，
　　　　試試看它是不是較好夾？或較困難？

☺延伸活動：

　　1. 在保鮮盒或杯子邊緣，貼上與各個夾子同色的膠帶。
　　　　等孩子會使用夾子後，再讓他學習按顏色配對夾在正
　　　　確的位置。

　　2. 可將夾子換成文書夾或迴紋針等。

㈣運動能力與興趣的培養

運動和遊戲是孩子的本能、需求及興趣。然而如無正確的引導，不僅未能幫助幼兒身心均衡的發展，且易造成意外危險。因此教師在運動的環境、設備及教法須有完整的規畫，當幼兒有足夠的時間、空間及安全的活動場所時，便可從自由探索中促進對身體的認識，以及大小肌肉的發展。

1.遊戲是兒童的生活，透過遊戲和運動，幼兒可獲得下列的發展：

(1)促進身體動作的協調，及大小肌肉的發展。

(2)增進身體的抵抗力。

(3)幫助社會行為的發展。

(4)透過動作與感官的探索，增進幼兒的認知。

(5)宣洩情緒和精力，培養積極、樂觀的生活態度。

(6)啟發幼兒創造力和想像能力。

(7)增進身體的自我控制及自信心。

2.幼兒體能活動教學原則

(1)配合幼兒身心發展及興趣、需求來設計循序漸進的體能活動。

(2)配合氣候、環境設計活動。

(3)時間：由於幼兒注意力短暫且容易疲勞，所以實施體能活動時間，每一次至少二十分鐘，至多不超過三十分鐘；實施活動時間以上午為佳，下午則在午睡後一陣子才實施。

(4)依幼兒的發展程度來分組，以確保幼兒需求與興趣一

致。人數的分組上，年齡愈小人數愈少，小班約十～十五名，大班則是二十名左右。

(5)提供安全的活動環境：在實施體能活動前，需布置活動情境，移走不必要的東西，注意地面是否有破損、尖刺的物品或凹凸不平。此外，運動遊戲器材要堅固，留意釘子是否突出等，同時需規定幼兒遵守活動安全規則，以避免因疏忽造成傷害。

(6)遊戲區與設備：一般而言，遊戲環境包括：戶外、室內及社區設施。一個適合幼兒體能遊戲活動的場所，必須具備二個條件：(1)必須是能讓幼兒喜歡的地方。(2)能夠刺激幼兒學習的環境，如多功能的攀爬組合遊戲器材，可嬉水、玩沙的區域，各種輪胎……等。

3.指導嬰幼兒體能活動之教學策略

(1)尊重嬰幼兒冒險及自由探索的能力，避免過度保護。

(2)提供嬰幼兒增進運動能力的成功經驗。

(3)幼兒的穿著要適合運動遊戲。

(4)活動開始先集中幼兒的注意力，而後進行暖身活動。進行活動時，老師要面對所有幼兒，且站在幼兒都能看到的位置。

(5)活動隊形的編排方式有：散列、圓形、半圓形、縱隊或橫隊。

(6)有效的引導方法：

①學齡前幼兒的體能活動，以運用引導式的探索最有效。這個方法可激勵幼兒反應及要求幼兒自我引導，

如請幼兒觀察小皮球之彈跳滾動，並學習小皮球彈跳、滾動；也可以提出問題讓幼兒思索以完成活動，如：「做出各種動物行動的動作」。

②直接教學法：先示範正確動作給幼兒看，並鼓勵幼兒練習。

(7)為提高幼兒進行體能活動的效果及興趣，可以利用輔助教材，輔助教材可以是一個物品、布偶，一本故事書，一首音樂或一幅畫。

(8)活動過程要緊湊，且要有足夠的器材及妥善安排幼兒參與的過程；勿讓幼兒等待太久而失去參與活動的興趣。

(9)活動結束後，請幼兒參與協助收拾整理場地，並整理自己的服儀、擦擦汗、喝開水。

4.嬰幼兒體能遊戲活動內容

⑴基本動作：跑、跳、滾、攀、爬、推、拉、踢、擲、打擊及拍球活動。

⑵平衡：如平衡木、搖搖板及反彈板等活動。

⑶身體意識：如身體部位辨識、肌肉鬆緊控制及四肢移動等活動。

⑷空間知覺：左右概念、方位概念及位置概念等活動。

⑸模仿各種動物、體操、球類遊戲、輪胎遊戲、墊上運動、平衡遊戲、跳箱遊戲、繩子遊戲、氣球傘遊戲等。

5.幼兒體能活動教學示例（見下頁）

活動名稱 好玩的短繩

☺適合對象：四～五歲

☺活動目的：

　　1.促進大小肌肉的發展。

　　2.知道繩索的各種變化。

　　3.培養合作、守規矩的團隊精神。

　　4.培養創造力與想像能力。

☺器材：幼兒易操作的短繩每人一條、標的物（紙箱、目標柱）。

☺活動過程：

　㈠熱身運動

　　1.先引導幼兒排成兩列，拿出短繩與幼兒討論短繩的用途。

　　2.介紹短繩活動及應注意事項，而後發給幼兒每人一條短繩，引導幼兒拿短繩做暖身運動。如跳躍、往前往後彎、左右擺動……等。

　　　跳躍狀　　往前彎　　往後彎　　左右擺動

　㈡主要活動

　　1.引導幼兒做「投與接」短繩活動：動作內容包括(1)向上丟，雙手接。(2)向上丟，雙手拍一下後接。(3)向上

丟，雙手插腰後接住。(4)向上丟，轉一圈後雙手接住。

向上丟繩　雙手接　向上丟繩　拍手　雙手接繩

向上丟繩　雙手插腰　雙手接繩　向上丟繩　轉一圈　雙手接繩

2. 引導幼兒做「搬運」動作：將短繩放在頭頂上，保持身體的平衡不讓繩子掉下來；慢慢走到前方的紙箱前將短繩倒入內。

    🔍也可與幼兒討論可將繩子放在身體哪個部位；並讓幼兒實施。

3. 想像短繩像什麼？如繞成圓圈可當車子的方向盤，並請幼兒當司機做開車動作，以此類推。

大　象　當尾巴　開　車　左右搖

4. 讓幼兒兩人一組玩比力氣拔河遊戲，亦可做火車造形，玩開火車遊戲。

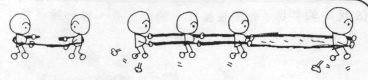

5. 引導幼兒將短繩接排在地上成迷宮造形,接著由幼兒與指導者走迷宮,此迷宮造形遊戲富變化,可讓孩子自由創造。

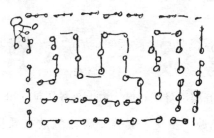

走迷宮

(三)結束活動

1. 請幼兒幫忙收短繩,在場地中央放置紙箱,請幼兒將短繩收捆好投入紙箱內。

2. 讓幼兒喝開水、擦汗,結束活動。

(四)注意事項

1. 告誡幼兒不可將繩子套在脖子上。

2. 不可將繩子拿起來亂甩,以免傷到旁邊的人。

3. 進行活動時,人與人之間要保持適當距離。

4. 規定幼兒在一定的範圍場所內活動,以免產生意外傷害。

(五)疾病的預防

由於幼兒身體構造尚未發展成熟,且在上托兒所、幼稚園之前不常與其他幼兒相處,因而減少感染疾病以建立抗體的機會;使得幼兒容易受到病菌的感染。同時,在園所等公共場所中,病菌經常在成人與兒童間互相傳染,又加上幼兒的生活習慣,如吸吮手指和玩具、身體的排泄物缺乏妥善處理,以及頻繁的肢體接觸等因素,使得幼兒園裡傳染病廣泛又迅速地傳染開來。因此,為保護幼兒免於因傳染病的感染影響其身心的發展,園所必須努力建立一些可行的策略與教育方案。

1.對幼兒疾病的預防有價值的學習內容包括:

(1)以正確的方法和次數來洗手。

(2)適當的掩口咳嗽和擤鼻涕。

(3)衛生地使用飲水機。

(4)不可共用私人的用品,如毛巾、茶杯、牙刷、食具等。

(5)適時穿著和添減衣物。

(6)良好的飲食習慣。

(7)適當的休息和運動。

(8)利用實例（班上幼兒長水痘、結膜炎）,師生討論如何預防疾病的感染。

(9)老師以身作則,讓幼兒有模仿的對象。

(10)讓幼兒接受預防注射。

(11)例行的健康和牙齒檢查。

2.疾病的預防活動示例

活動名稱 細菌與疾病的預防

☺適合對象：四～五歲

☺活動目標：

    1. 了解打噴嚏及咳嗽釋放的細菌，可能導致疾病。

    2. 幼兒能夠確認口與鼻是細菌傳播的主要管道。

    3. 幼兒不需經提醒，在咳嗽及打噴嚏的時候，就能搗住口與鼻。

    4. 幼兒能夠討論為什麼咳嗽與噴嚏時搗住口鼻是重要的。

☺活動資源：兩個氣球與少量的碎紙。

☺活動過程：

    1. 在兩個氣球內分別裝進一些碎紙。當活動開始時，小心地將氣吹進其中一個氣球，使其膨脹。注意：在每一次將空氣吸進肺裡之前，把你的嘴從氣球移開。當它膨脹時，快速地釋放氣球頸部壓力，可是別讓氣球跑走了。當空氣從氣球內跑出來，碎紙會噴出來，象徵咳嗽與噴嚏時細菌從口、鼻而出。重複這個過程，當空氣跑掉時，把妳的手蓋住氣球的嘴部（就像搗住口鼻），妳的手將可避免大部分碎紙跑進空氣中。

    2. 與兒童討論兩種做法的不同。

    3. 當某人咳嗽時沒有搗住他的嘴巴，會發生什麼事？

    4. 當咳嗽或噴嚏時，搗住嘴巴有何助益？

    5. 討論當你生病或感冒時，為什麼待在家裡是很重要

的？

☺評量：

　　1.幼兒可以說明細菌和疾病之間的關係。

　　2.幼兒可以確認咳嗽及噴嚏是細菌傳播的主要來源。

　　3.當咳嗽或打噴嚏時，兒童會自動摀住他的口鼻。

二、健康的心理之教學活動

　　所謂「健康」，就是個人生理、心理、社會適應方面均處於良好的狀態。所以為促進幼兒的健康幸福，應關心他們的情緒健康。因此幼兒教師必須幫助幼兒學習與他人溝通，教導他們控制衝動與攻擊行為，如何表達情緒、發展良好的社會行為。

(一)三歲前幼兒的社會性活動

　　三歲前的社會性行為的發展重點，第一是如何針對周圍的人加以反應與相處的人際關係；第二是如何發展立足社會的獨立性。在三歲前要真正培養社會性，基本上周遭的大人需要充分付出愛心照顧幼兒，在最初一年當中，照顧者透過擁抱、觸摸和關愛來照顧幼兒和幼兒互動，讓深受愛心關懷的幼兒與照顧者產生情感和依賴，進而開始信賴周圍的人，孕育能夠感受到愛心的社會性基礎。

　　同時，以此為基礎，針對幼兒從內心湧現的獨立意願，提供必要的協助，與他的社會性發展有莫大的關聯。社會性是接觸的人越多，學習的機會也就越廣，因此照顧者不要一味地要求孩子做到社會性的行為，而應拓展幼兒的個性和自主性。

　　「獨立」可說是教育的重點。在注重自發性、孩子活潑愉快的成長中，自然而然會產生「獨立」的需求。照顧者必須一邊觀察幼兒自己的意念，一邊思考如何協助幼兒完成獨立的良策。以下為在幼兒園協助孩子發展獨立的方法：

　　1.必須讓孩子獲得充分的關懷：幼兒愈喜歡、愈信賴保育者，就愈會湧起獨立心。

2. 必須給與開放而自由的生活：過於嚴格或放縱的保育都不合適，必須細心觀察，而且重視每一個人的個性。

3. 必須維護適合成長發展的活動空間：為幼兒準備的環境，不僅要考慮生理層面，在心理層面上也應符合兒童的發展；幼兒透過與環境的互動而建構其獨立的人格。幫助他的最好方法，就是使生活環境滿足其需求。在生理方面，幼兒需要食物、衣物、安全的生活環境，以及足夠的活動空間；在心理方面，給予關懷、接納，視他為獨立的個體來尊重他。

4. 保育者必須示範活動的操作方法：一、二歲幼兒對操作方法極為關心，對大人的示範一定會仔細的觀察。

5. 做好準備讓孩子可以隨時隨地反覆練習：準備好擦桌子、扣鈕扣、拿筷子等材料，讓孩子隨時可以練習。

(二)三至六歲幼兒的社會活動

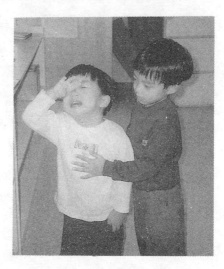

精通物的世界也許是必須的，但是個人的社會技巧卻是提供真正健全人生的基礎。因此每個人都需習得個人經驗與社會關係的知能，隨著孩子的成長，他們開始大量獲取有關自己與他人的知識，這一過程是我們能預測的。孩子透過經驗、觀察及對

其他人的看法，也透過他人對自己的看法，逐漸地獲取有關這個世界與自己的種種概念，學習怎樣做一個人。因此，幫助幼兒發展良好社會行為，有賴於老師關懷而耐性的教導。

下列幾項目標是教師幫助幼兒社會化過程的重要目標：

1. 幫助幼兒發展同理心：Piaget 認為，幼兒是自我中心的，而且他們不能站在別人的立場來思考。但近年來一些研究報告指出：自我中心論不是一種全有或全無的情況，當幼兒三～五歲時，他們假想角色和理解複雜感覺的能力也逐漸增加了。經由培養，他們也能更敏感地感覺其他人的感覺，和他們的行為對這些感覺的影響。

2. 幫助幼兒學會慷慨、利他，並能和其他幼兒分享物品、經驗。有效的社會行為教導是教師本身要以身作則，樹立一個好的楷模，且在和孩子們討論、澄清所發生的事物時，教師要表達自己的感情。

3. 幫助幼兒體會助人是快樂的：提供孩子們機會去體驗助人的滿足和愉悅，為引發利他社會行為意願的有效方法。

4. 教導幼兒了解每個人都有權利，且這個權利受到所有人的尊重。

5. 強調合作妥協的價值，而不強調競爭和求勝。

6. 協助幼兒體會擁有友誼的喜樂

   (1)透過增強作用來減少被孤立的行為，增進友好的行為。

   (2)增進不受歡迎幼兒的社會技巧。

   (3)幫幼兒尋找合適的友伴。

(三)健康的心理之活動教學示例（見下頁）

活動名稱 卡片夥伴

☺適合對象：五歲

☺活動目的：幫助幼兒學習如何合作。

☺活動資源：一些三張一組的卡片，每組有兩張一樣的和一張不同的圖畫（圖可以手繪，也可以用照片），一道障礙牆（例如夾在兩塊積木間的絨布板），讓幼兒坐下來時能看到對方。

☺活動過程：

1. 告訴幼兒你要讓他們玩一個他們必須一起努力解決問題的遊戲。

2. 讓一對幼兒在障礙牆兩邊坐下，給「說話者」兩張相同卡片中的一張，給「展示者」剩下的兩張中的任何一張。「說話者」要對「展示者」描述他手上這張卡片，「展示者」在兩張中挑出一張展示給夥伴看，問：「是這一張嗎？」

3. 如展示者選錯了卡片，問「說話者」是否忘了告訴他的夥伴什麼，試著幫他們了解怎樣做更精確的描述。如果選對了，讓他們交換角色繼續其他組的卡片。

   ✎建議可以增加「展示者」所持的卡片數來提高這個活動的難度。

活動名稱　做個慷慨的人

☺適合對象：四歲
☺活動目的：

　　1.幫助孩子了解仁慈和提供、請求及接受慷慨。

　　2.幫助幼兒發展協調衝突的能力。

☺活動資源：每個孩子一片餅乾或其他點心。

☺活動過程：

　　1.告訴孩子你們要做一個分享活動。拿出紙袋，說：「這裏有一個袋子，我要把它給一位小朋友。他可以決定要全部給自己、給別人或給自己留一些、給別人一些。等他做完後，我們會討論發生的事。」

　　2.把袋子給一個孩子，首次先選一個平常較慷慨的孩子，告訴他可以做的幾種選擇。完畢後，要收到東西的孩子舉手，談談他們的感覺；要沒有收到東西的孩子舉手，也談談他們的感覺。

　　3.請孩子說出與別人分享的感覺。

　　4.也請幼兒說出為什麼不想與人分享。

　　5.嘗試讓孩子了解，有時候別人不願意把東西給他們，也許他們會感到難過，因為被遺漏是不好受的。

　　6.請孩子討論，如果別人不與我們分享食物、玩具、書……等時，該怎麼辦？

　　7.與幼兒分析討論，如何與人分享，做個快樂慷慨的人。

8. 在平常生活中，觀察幼兒如何與人分享，而給予鼓勵或建議，讓幼兒學會與人分享。

三、健康的生活之教學活動

　　由於幼兒的好奇心和衝動行為，及缺乏經驗、理解力不夠、判斷力差以致常常造成意外傷害。

　　幼兒期是可塑性最大的階段，幼兒花許多的時間在收集知識及模仿學習他人的行為舉止。他們很容易接受新的觀念、改變及建議，很多健康與安全的習慣和態度就是在此時期建立的。因此成人除了為幼兒準備一個安全的環境外，必須要做好意外事故的防範教育工作，希望透過安全教育以避免意外事故的發生。

㈠成人要做好意外事故的防範工作，有下列要項：

1. 確實了解幼兒能力發展的程度，及能參與的活動。
2. 建立並執行安全規則以幫助幼兒學習，適當的使用環境設備，且能與人做良好的互動。教師在訂定規則時可考慮的要點如下：
   (1)兒童人數有多少？
   (2)可讓幼兒使用的設備及器材。
   (3)督導幼兒的成人有多少？
   (4)活動的類型。
3. 建立緊急情況的處理計畫和步驟，以便遇到緊急情況時，能夠做適當且有效的反應。

㈡健康的生活之活動教學示例

活動名稱　車內安全

☺適合對象：三～六歲

☺活動目標：

1. 在車內或車輛四周遵守正確的安全規則是很重要的。

2. 兒童能夠繫上適合的安全帶（超過三歲的兒童使用安全帶，小於二歲的兒童使用安全座椅）。

3. 兒童能夠說出至少一種在車內及車輛四周，應該遵循的重要安全規則。

☺活動資源：

　　準備有關車內安全規則手冊和幼兒需學習的安全規則的照片：

1. 在走向車子或從車子出來時，應牽著大人的手，不衝撞於前。

2. 要靠路邊進出車子。

3. 開關車門要適當，把兩手放在門把上，降低手指被門夾住的可能性。

4. 坐在車座位上，千萬別站著。

5. 繫上安全帶或使用安全座椅。

6. 車子啟動前，先鎖上所有的車門。

7. 乘坐時，手臂、雙腳、頭及身體其他部位都在車內。

8. 別玩弄車內的控制器。

9. 安靜地乘坐，才不致打擾駕駛人。

☺活動過程：

1. 利用大積木、硬紙板盒或椅子，及一個「方向盤」造一輛假車，進行戲劇活動。在兒童玩耍時，適時提出安全規則，引導幼兒融入遊戲中進行。

2. 和兒童一起討論小冊子裡的內容；強調繫安全帶或安全座椅的重要性。之後，讓兒童帶小冊子回家與父母分享。

3. 將安全規則的照片貼在公告欄上，或陳列在桌上。鼓勵兒童指認每張照片上實踐的安全行為。

4. 利用大團體活動時間，和兒童討論照片裡每一項安全規則的重要性。

5. 準備一張寫有全部兒童名字的圖表。兒童們每天往學校的路上，如果繫上他們的安全帶，就在他們的名字旁邊劃上記號。給安全乘車的家庭獎品。重複這項競賽幾個月。

☺評量：

1. 可以觀察出兒童繫上安全帶或者坐在安全座椅的車位上。

2. 兒童能說出自己坐車時常會做到的安全規則。

活動名稱	有毒物品及中毒的預防

☺適合對象：三～六歲

☺活動目標：

　1.指認與避免已知及潛在性有毒物品。

　2.兒童能夠指出至少三種有毒物品。

　3.兒童能夠描述「骷髏頭」記號代表的是什麼？

　4.兒童能夠指認至少一種避免意外中毒的方式。

☺活動資源：舊雜誌、大張紙、膠水、方形紙或自黏標籤、簽字筆。

☺活動過程：

　1.邀請一位來自醫院急救室或公共健康部門的人士，與兒童談論有關中毒的預防。

　2.展示有毒物品的圖片給兒童看，包括：清潔用劑、外表美觀的裝飾物、藥物、香水、植物及草莓等樣品。

　　給兒童看「骷髏頭」標籤，強調兒童應該遠離貼有這種標籤的物品，同時告訴兒童，不是所有的有毒物品都用這種方法指認。

　3.討論預防中毒的準則：

　　(1)只有食物可以放進嘴巴裡。

　　(2)藥品不是糖果，應該由大人給與。

　　(3)大人應隨時告知兒童，他們是在服藥，而不是吃糖。

　　(4)未經大人檢查，不可吞食草莓、花、葉或菇類。

4. 藉著在小紙片或自黏標籤上畫一張悲傷臉孔的方式，讓兒童製作他們自己的「骷髏頭」標籤。鼓勵父母親在有毒物品上放置標籤。

5. 在教室裡佈置一面壁畫，陳列有毒物品的圖片。一定要包括清潔用劑、個人飾物、藥品、植物以及經常可在垃圾堆裡找到的東西，如殺蟲劑、化學肥料、汽油等樣品。

6. 把這些圖片黏在大張紙上，把壁畫陳列在父母及兒童看得見的地方。

☺評量：

1. 兒童能夠指認「骷髏頭」標籤是有毒物品的象徵。

2. 兒童至少能夠指認三種有毒物品。

3. 兒童至少能夠指出一種安全規則，來避免意外中毒的發生。

4. 兒童在日常生活中，對不了解的標籤或標有危險圖的標籤，會感到好奇發問。

自我評量

1. 略述健康課程教保活動內容之範圍。
2. 教師在展示與健康安全有關的資料時，這些資料需具備哪些要點？
3. 在實施健康課程教學活動時，教師應考慮哪些要項？
4. 如何培養嬰幼兒良好的生活習慣？
5. 試從觀察幼兒遊戲、運動中，寫出幼兒最喜歡的遊戲運動項目。
6. 實施嬰幼兒體能活動的教學策略有哪些要點？
7. 「獨立」是發展幼兒社會行為的基礎，教保人員應如何協助三歲前幼兒發展獨立？
8. 試找出可幫助幼兒「認識五官」、「培養良好的生活習慣」、「建立正確的情緒表達」等教學活動資料各一項。

第三節　語文活動

壹、語文課程的教學目標及內容

　　為了幫助幼兒語文發展，父母及教師在了解幼兒語言發展的過程，各年齡的語言能力、興趣及需求後，應滿足幼兒對語言學習的興趣及需求，因此，教師可利用語文教學活動幫助幼兒以增進語言發展。任何活動課程的編製或設計均應符合幼教目標並根據課程內容，因此在著手設計幼兒語文活動時，宜先知道幼兒教育法規中對語文所訂定的目標及領域。

一、教學目標

　　1.增進嬰幼兒聽說的能力。
　　2.培養幼兒讀、寫的興趣。
　　3.發展幼兒語文的想像、創造能力。
　　4.培養幼兒良好說話與聽話的態度和習慣。
　　5.陶冶幼兒優美的情操及健全的品格。

二、教學內容

　　1.故事：童話、自然故事、歷史故事、生活故事、愛國故

事、民間傳說、寓言、科學故事、笑話、謎語、其他。

2.歌謠：兒歌、時令歌、遊戲歌、繞口令、急口令、老師自編。

3.說話：自由交談、自由發表、討論、問答。

4.閱讀：各類故事、圖書、報章雜誌、看圖說故事、教師自編故事。

貳、語文活動內容

語言的學習最先來自於模仿「聽」與「看」。嬰兒先學會去區別周遭環境的音質、音調並做反應，同時用眼睛觀察區辨物體的顏色、形狀。接著會發出各種試探性的聲音，然後模仿成人發出的聲音，進而會聽、說話、閱讀故事及握筆寫字。依循著聽→說→閱讀的發展過程，為了幫助幼兒語文發展，我們在設計各種語言活動時，應配合幼兒每一階段的發展，循序漸進。因此將語文活動課程大致分為「傾聽」、「說話」、「閱讀」三個範圍來編排探討。

一、「傾聽」課程

(一)「傾聽」課程教學目標

1.能辨識聲音：聲音相同、不同、相似，音調高低大小，音的速度快慢，節奏感及韻律感。

2.聽懂簡單的指令，傳達簡單的話語。

3.能專心聽別人說話，並了解說話的內容。

4.能了解故事及兒歌的內容。

(二)故事書的選擇

　　故事書帶給幼兒的快樂，是學前階段最重要的經驗。為了讓幼兒喜歡成人為他選購的圖書，我們需對幼兒和圖畫書有深入的了解，才能投其所好。如何選擇適合幼兒閱讀的圖畫書呢？最簡單的方法莫過於先了解幼兒的特質，再據以選購適合他們需要的圖書。

☺幼兒具有下列特質 ─────────────

⇨以自我為中心：他們大部分的注意力集中在他們自己、家人和朋友，因此，他們最喜歡的圖書是那種有熟悉情境，或者故事主角和自己很相似者。

⇨對聲音的偏愛：由於幼兒正在學說話，所有的字或聲音都令他們感到新奇有趣。因此如果圖書用字妙趣橫生，且字音都鏗鏘分明，幼兒會特別喜愛這類圖書。幼兒喜歡聽押韻的字、無意義的字、形容聲音的字，以及疊字（如彎彎曲曲）。

⇨幼兒特別喜愛從事扮演和想像的遊戲：他們常假裝成另一個人，扮演生活周遭的人物（家人、警察、醫生）。因此一些神奇的故事最適合他們，例如會說話的動物的故事。

⇨非常依賴父母或照顧他的人；家是他們尋求庇護的所在。所以，流露家庭溫馨的故事相當投幼兒所好。即使和家無關的故事，也一定要有個快樂圓滿的結局。悲劇的收場或沒結局的故事不適合這階段的幼兒。

⇨注意力短暫：所以只能選擇一氣呵成的短篇故事，而且最

好動作、對白多，而描繪敘述字句少。

⇨年齡越小的幼兒，越喜歡用色大膽鮮艷、結構簡潔單純的插圖。不過，精細而複雜的大幅圖畫書也相當吸引幼兒。幼兒比較喜歡寫實的插圖而不喜歡抽象圖畫。最好的圖書莫過於插圖和故事內容呼應，書中人物、情景都躍然紙上，使幼兒一目了然。

⇨三歲前的幼兒，因尚未能分清楚事實與不是事實，所以圖書的選擇需寫偏重於描寫身邊現實環境的故事，三歲後的幼兒圖書不宜選擇太科幻、神仙、鬼怪的故事，以免幼兒神遊其境，而與現實生活脫節。

　　選擇幼兒圖書，除了要配合幼兒的特質外，還需對幼兒有直接或間接的教育價值。在幼兒的生活、道德、情感、知識等方面有所幫助。同時，可配合單元活動主題來選擇，提供相關的圖書以達教育目的。

(三)故事、兒歌實施要項

　1.選擇適當的時間

　　(1)選擇適當實施故事與兒歌的時間：當幼兒注意力不集中、排隊等待或活動銜接時、分發餐點時、工作時間過久時皆可進行故事及唸兒歌活動。

　　(2)故事、歌謠進行時間不宜過久，每次約十至二十分鐘最為適宜。

　2.情境安排

　　(1)室內：將幼兒集合並呈半圓型或扇型，不要面對門口及

靠近玩具的地方，以免孩子分心。

(2)戶外：故事及歌謠的進行地點較富有彈性，隨活動及孩子的需求，也可在戶外進行，如：大樹下、草皮上，但要注意不可讓孩子面向太陽或逆風，也要留意周圍環境是否乾淨、安靜，此外，孩子可在教師面前隨意坐。

(3)座位：教師的位置可稍高些，但不可站著，以免孩子頭需仰抬很高且久，以坐著為宜，並讓孩子不只能聽清楚老師的聲音，也可看清楚老師的表情及說話的嘴型，如此，不僅幼兒較能集中注意力，且能學習說話時正確的嘴型。

3.教師實施故事時應做的事項

(1)老師一定要熟讀為幼兒準備的圖書。

(2)每天至少為孩子唸一本故事書、歌謠。

(3)可定期邀請「特別來賓」到教室為孩子唸故事書或兒歌，諸如家長、祖父母、對兒童文學有興趣或專長的社會人士。

(4)口齒清晰、發音正確、表情自然生動，凡語調、語氣、聲音之抑揚頓挫均需隨故事、歌謠內容而變化。

(5)利用特殊的設計作為開始，吸引幼兒的注意力，最簡單的方法是利用封面引起動機。

(6)就故事的內容提出開放性的問題以吸引幼兒的注意力。

4.老師要以身作則聆聽幼兒說話，除了要先把自己的嘴巴閉上，全神貫注聽幼兒說話外，還需注視幼兒，不時報以微笑、點頭或短短幾個字的回答。即使聽不懂，也不必要他

再講一遍，或者問他「你說什麼？」這都會令幼兒感到挫折。

5. 利用教具表演增加教學效果。如以各種戲劇方式出現的表演（舞台劇、啞劇、話劇、廣播劇等）、各種傀儡戲（懸絲偶、皮影戲、布袋戲）、故事圖片、故事圍裙、各種偶等。

6. 配合單元活動和情境實施教學，如與中秋節、母親節、春節有關的故事；「我們的社區」單元活動，則介紹與社區有關的風俗民情、歷史等故事。

7. 幾個有趣的「聽」的遊戲，也可以收到「從遊戲中學習」的效果。

   (1)全班安靜一分鐘，傾聽周圍有什麼聲音。一分鐘後請幼兒發表自己聽到的聲音，答案可能千奇百怪，甚至有些連老師都忽略了的聲音。

   (2)把幼兒生活中常聽到的聲音收錄在一卷錄音帶上，再播放出來，讓幼兒分辨聲音的來源。例如汽車起動的聲音……等，都能引起幼兒的興趣。

   (3)「實況報導」、「邊說邊做」也能收到奇效。如同朗讀一般。嘴裡讀出眼睛看到的字，大腦可從兩處同時獲得訊息而加深印象、加強記憶。若老師把進行中的動作都同時說出來，對幼兒而言，一方面聽到字音，另一方面看到字的真實意義——老師的動作或呈現的物體；兩者相對照，幼兒可以學會一些新字，而且很容易被老師的動作吸引而專心聽老師說。也可由幼兒做、老師在旁隨

幼兒活動的進行作旁白：「小明正在用杓子攪拌果凍粉，看看他的動作多平穩，一圈又一圈地攪拌著。」

二、「說話」課程

(一)「說話」課程的教保目標

1.能述說自己的經驗及所想的事物。

2.會發問或提出自己的需求尋求協助。

3.能使用日常生活中的常用語。

4.能主動參與討論說話。

5.與人溝通時，能表現良好的語言禮儀。

(二)教師可以利用以下活動增進幼兒表達能力

1.用各種方法鼓勵幼兒表達自己的想法和需求。

(1)讓幼兒在沒有壓力的情境中練習說話，可以幼兒為主題，編一首兒歌來引起幼兒的興趣。

(2)教師設計各種情境活動以刺激幼兒表達，如請幼兒幫老師傳述一件事情給其他人。

(3)用語言表達感覺，如蒐集書籍雜誌內各種人類感情流露的圖片，展示在教室四周，以誘發幼兒討論他們自己的感覺。

(4)成人主動和孩子溝通，單獨和孩子說話時，該說什麼？和孩子本身相關的趣事最能吸引他們。如他身上的衣服、家人、喜好、活動等等。

2.以混合年齡編班，讓幼兒接觸不同年齡幼兒，豐富語言的刺激、學習的對象，以增進表達能力。

3.進行故事接龍、造詞、看圖說話……等遊戲。

4.指導幼兒討論、報告、發問、回答等方式。

5.提供多方面的資料和經驗，引起幼兒發問的動機。

6.引導、示範良好的語言技巧、習慣和態度。如在室內要輕
聲細語；在團體活動中，如要發表請先舉手，不可插嘴。

三、「閱讀」課程

㈠「閱讀」課程教保目標

1.學習閱讀圖畫書、故事
書、故事圖卡的內容及
圖解。

2.培養閱讀的興趣。

3.養成閱讀的好習慣。

㈡「閱讀」課程活動內容

1.看圖片、故事圖書、各
類幼兒圖書。

2.做視覺配對、分類活動。

3.看圖說故事，看圖、字做動作。

㈢「閱讀」活動實施要點

1.教師可在活動室內布置圖書角：圖書角需在較安靜的區
域，以免受太多的干擾，影響幼兒專心閱讀。且光線要充
足，如無自然採光，則裝設柔和燈光；或放幾個舒服的靠
墊。圖書區裡不僅有圖書，也要有收錄音機、錄音帶。

2.良好的圖書管理：

(1)採開架式書架，讓幼兒自由取閱。

(2)與幼兒討論使用圖書的常規。

(3)每次可到圖書區的人數、閱讀時間。

3. 引導幼兒正確閱讀的方法：如何翻書、與書本應保持的距離、看書的姿勢、安靜閱讀。

4. 每次向幼兒介紹一本書，讀完後，將書放在書架上，以引起幼兒閱讀的興趣。

5. 配合單元活動，將有關的各種圖書放在書架上，以提供幼兒參考。

6. 可不定期更換圖書，教師須觀察幼兒閱讀圖書的狀況，以了解幼兒喜愛的圖書或不喜愛的圖書，而予以適時的更換。

7. 鼓勵幼兒講故事，或鼓勵幼兒討論閱讀之心得。

8. 採個別、小組遊戲方式，實施視覺配對、分類的活動。

語文活動示例

活動名稱　貓熊飯店

☺適合對象：三～六歲

☺活動目標：

　　1.增進幼兒傾聽與表達的能力。

　　2.了解動物的生活習性。

　　3.擴展幼兒對與動物有關的詞彙。

　　4.培養幼兒創造的能力與興趣。

材料：故事書一本、各種動物的頭套、食物圖片。

☺活動過程：

　　1.請幼兒發表曾經到餐廳、飯店用餐點菜的經驗。

　　2.老師向幼兒介紹「貓熊飯店」的故事內容，此故事敘
　　　述為：在森林裡，貓熊開了一家飯店，新開幕時，許
　　　多動物來這家飯店用餐，每一種動物依牠們的習性喜
　　　好各點了不同的菜，老闆貓熊因不熟悉工作流程忘了
　　　將客人所點的菜記錄下，以致送錯菜引起客人抱怨，
　　　最後經指導後便能正確迅速的將客人所點的菜送到。

　　3.師生一起討論此故事：(1)貓熊老板出了什麼差錯？(2)
　　　動物們各點什麼菜？(3)在餐廳用餐點菜時，應注意哪
　　　些事項？(4)如果你是貓熊老板，你會怎麼做才不會弄
　　　錯客人點的菜？(5)如果你是侍者，你將如何招待客

人？可請幼兒表演，教師適時引導示範。

4. 與幼兒一起討論如何進行表演「貓熊飯店」的故事。
   並請幼兒自選喜歡的角色扮演，同時一起布置演戲情
   境做道具。

5. 在戲劇活動中老師可參與表演，以便適時引導幼兒增
   加戲劇的流暢和效果。

⚲ 平時可將此戲劇活動道具放置在語言學習區，讓幼兒自行組成
   小組扮演。

自我評量

1. 略述幼兒語文學習的活動內容。
2. 如何為幼兒選擇適合的圖書？
3. 教師如何實施故事教學活動？
4. 閱讀活動的實施要點有哪些？
5. 請找出二項可幫助幼兒「聽」與「說」的語文學習活動資料。

第四節　常識課程活動

壹、常識活動對幼兒發展的重要性

　　所謂「常識」意指日常生活的知識，即個人在日常生活中所接觸的自然與社會環境所需的知識。幼兒對生活周圍自然、社會之種種充滿了好奇，常會透過感官探索及發問來滿足其求知慾，了解自己所處的環境，進而適應、生存於環境。常識科活動對幼兒發展的重要性如下：

一、滿足幼兒的好奇心及探索的慾望。

二、增進幼兒認識社會、自然環境，充實生活經驗。

三、能幫助幼兒思考及解決問題的能力。

四、促進幼兒了解「人、社會、自然」的關係。

　　所以，常識課程的教學目標方面，最主要在於培養幼兒觀察探索自然和社會環境的興趣，以滿足幼兒的好奇心，並引導幼兒學習探索的正確方法和態度。進而建立正確的環保意識和愛護自己的生活環境。

　　由此可知，常識課程教學活動內容包括：社會、自然、數（數、量、形）三項。為幫助幼兒統整的學習，教師在實施常識課程的活動時，需配合相關活動將這三項（社會、自然、

數）的知識整合。

貳、社會領域

　　社會學習領域為幼兒提供了探討人與人之間、人與環境間
關係的活動，也就是幼兒在社會學習領域的活動中學習到個人
在環境中如何調適及適應社會的過程。

　　幼兒期是自我中心的階段，他們的學習、對世界的認識都
是以自己為出發點；然後才漸漸認識周圍的人、事、物。所以
在引導幼兒進行社會活動時，以培養幼兒良好的自我概念為起
點，進而認識家庭→幼兒園→社區至各行各業等。同時由團體
生活中，幼兒學習到符合團體、社會要求的行為，建立和諧的
人際關係。

一、社會教學目標

　　為幫助幼兒社會化，成為一個健全發展的社會人，社會教學應具有下列目標：

㈠建立幼兒積極、自信的自我概念。

㈡培養良好的生活習慣與態度。

㈢認識家庭、社區及生活環境。

㈣培養幼兒良好的社會生活習慣和態度，並適應團體生活。

㈤認識我國重要的節日與民俗活動。

二、社會學習內容

㈠認識自己：自己的身體，我是誰？我可以做哪些事？我最喜歡的事。

㈡學習日常生活中的基本習慣：如刷牙、洗臉、洗手、飲食。

㈢認識自己的家人及家中的環境設備，並與家人快樂生活。

㈣認識自己的園所：包括教職員工、幼兒、活動室、遊樂器材、常規、相處之道。

㈤認識與我們生活有關的物質來源，並能愛物、惜物。

㈥認識社區：如學校、道路、商店、菜市場、車站、公園……等。

㈦各行各業：包括工作性質、使用工具、外表特徵、工作場所、與人們的關係。

㈧認識、欣賞各地的名勝古蹟、風景區。

㈨認識我國重要的節日及風俗民情。

(十)認識台灣及鄰近的國家。

(土)認識各種交通工具、交通標誌及規則。

三、社會教學實施要領

　　由於社會課程活動內容廣泛，老師在實施活動時，可配合各種活動來探討、進行：

(一)準備與單元活動有關的物質：在認識各行各業中，可以擺放該行業使用的工具、服裝等，引起幼兒探索的慾望。

(二)參觀訪問：如參觀警察局、超市、農場等；帶領孩子實際參觀，讓幼兒身歷其境，印象最深、效果最好。在參觀之前，老師應先探勘，做周詳計畫，以確保參訪行程的順暢和安全。

(三)以兒歌、律動、音樂配合活動實施。

(四)可以利用閱讀報章雜誌、故事，讓孩子了解、關心生活周圍的人事物。

(五)利用角色扮演（例如編故事或戲劇表演等活動），讓孩子將日常所吸收到的訊息，於角色扮演中模仿表演，如美髮師、醫生與護士、廚師等。孩子會在適合情境中自然流露，以增加幼兒對各行各業的認識及興趣。

(六)以美勞工作來實現幼兒所見所聞，於美勞活動中表現其概念與創意。如「服裝設計師」的活動，讓孩子以繪畫、剪貼、縫工來認識服裝設計師的工作性質。

(七)利用不同的編組方式進行教學，讓幼兒在個別自由工作、小組活動、團體活動，學習獨自、專心完成一件工作，也學習

到「輪流」、「等待」、「分享」和良好處群能力，或以混齡編組方式進行教學，讓孩子在此情境中，流露出愛與關懷、責任，啟發幼兒良善情操，增進社會技巧。

（八請各行各業專業人士或家長到園所介紹、互動等。

四、社會教學活動示例（見下頁）

活動名稱　東門城之旅

☺活動目標：

　　1.認識東門城的環境位置。

　　2.培養參觀名勝古蹟的興趣。

　　3.培養觀察、欣賞的能力。

　　4.培養愛護名勝古蹟的態度。

☺教學資源：

　　東門城基本資料簡介、哨子、東門城各角度的照片。

☺教學活動：

　　1.拿出東門城簡介資料圖請幼兒觀賞，請幼兒發表看到
　　　資料圖卡的什麼地方，與幼兒討論東門城與平常看到
　　　的建築物有何不同。

　　2.向幼兒介紹東門城的史蹟。

　　3.引導幼兒參觀東門城，首先與幼兒討論行的安全與參
　　　觀規則，然後分組請家長協助帶領走至東門城參觀。

　　4.參觀時，引導幼兒做要點觀察，以觸摸、比較、遠觀
　　　或近看，或提出重要地點請幼兒找出。

　　5.與幼兒一起拍照留念（可從不同地點拍攝）。

　　6.參觀完後回園，可讓幼兒以繪畫、堆積木……等方
　　　式，表達所觀察到的東門城，並與大家分享。

參、自然領域

　　在今天文明環境的社會中,兒童的生活大多遠離了大自然,而少有機會與大自然做親密的接觸,或是與大自然產生直接的關係。在這種與大自然疏離的情況下被養育長大的孩子,在成年之後,除了缺少從大自然中獲得的知識外,一定會掠奪、污染,甚至破壞自然環境,而且對自己的行為渾然無知。因此,在幼兒教育的課程中,安排動、植物,地形、自然現象……等自然科學的學習活動是必要的,教師要能以身作則,並保持幼兒天生的好奇心,以引導幼兒進行科學活動。希望在幼兒階段能奠定良好基礎,長大後才能成為富有科學精神及尊重生命、自然生態的成人。

一、自然教學目標

㈠培養感受性和觀察力。

㈡培養研究心。

㈢激發培養有關科學思考的萌芽。

㈣親近自然，愛護動植物。

㈤滿足好奇心與探索的興趣。

二、幼兒自然教育之內容

　　幼兒自然科學教育的內容應多樣化，包含物理、地球、生命科學等。舉凡生物、物理、地球科學所涉及的範圍，只要幼兒有興趣，皆可讓幼兒體驗與探討。當然教師選定其他領域非科學的主題，這些主題或多或少或間接的涉及自然科學層面，可以設計有關自然科學的一些活動。

　　為有系統地介紹幼兒自然科學內容，可將幼兒自然科學內容分為四大項主題——動物、植物、生存（地球）環境與自然力量。

　　這四大項主題是相互關聯的，例如動物與植物是交互影響的：動物為植物傳宗接代、植物是動物的食糧、動物以植物為家；動植物均孕育於地球環境中；自然力量影響人類生活。因此，在進行各主題之時，教師應將相關的概念帶入，統整四大項主題，而非各自獨立地呈現。

㈠植物

　　植物是幼兒環境中最熟悉的事物，不但每天所見有植物

（如室內盆景、公園植株、遊戲場大樹），而且也食用各種植物（如蔬菜、水果）。進行植物主題的探討，對幼兒而言，有相當的舊經驗可作學習的參照點，易於理解。適於幼兒探討的植物基本概念如下：

1. 植物的種類繁多，其外形特徵不同。
2. 大部分的植物具有根、莖、葉、花等部位，各部位功能不同。
3. 植物是生物，大部分植物之成長需要水、陽光、空氣。
4. 大部分植物會製造種子，並以種子繁殖後代。
5. 有一些植物以根、莖、葉、孢子繁殖。
6. 植物對人類有許多功用（但也有一些害處）。

(二)動物

皮亞傑學派認為幼兒具有一些先天的認知結構，可以促進學習，如：生物，因為幼兒可以用自己的例子加以推論印證。所以動物、植物這些易學易懂的領域應是幼兒科學探索的出發點。幼兒對於小動物天生具有好奇心與情愛表現，不少幼兒家中有雞、狗、兔等寵物，或飼養金魚、鳥、龜的經驗，進行動物主題的探討對幼兒而言是最有具體經驗且最富於興趣的事。適於幼兒探討的動物基本概念如下：

1. 動物的種類繁多，其外形特徵不同。
2. 各種動物移動身體方式不同。
3. 各種動物所需食物、居住環境不同。
4. 各種動物繁殖與哺育後代方式不同。
5. 各種動物成長變化有所不同。

6.動物對人類有許多功用（但也有一些害處）。

（三）生存（地球）環境

　　人類生存於地球之上，被空氣、水、陽光、土壤所包圍，亦仰賴以上這些要件維生，整個地球生存環境對人類實在太重要了。而且水、陽光、土壤對幼兒而言到處可見，非常具體、易於探究，幼兒均喜歡玩沙、玩水、享受陽光或製造影子。

　　近幾年來，各國科學課程之發展趨勢，除仍強調科學探究外，更著重「科學─科技─社會」三者間關係，培養學童關注、探討與整個社會有關之問題。因此，在當前整個地球環境遭受污染、破壞之際，實有必要讓幼兒探討、關注我們的生存環境，以養成愛護環境之心。有關地球生存環境主題之基本概念有四：石頭、沙、土，水，空氣，及天氣。其實就每項基本概念而言，均可以當作一個主題加以深入探討。

（四）自然力量

　　大自然的力量是令人敬畏與激賞的，電、光、磁力、聲音等自然力量與人類生活密切；此外，能轉化人類力量的簡易機械，可幫助移動物體、減省力氣，更是生活上所不可或缺的，均是頗值得幼兒探討的主題。

　1.電

　　(1)電流可穿透某些物質（有些物質可以導電），有些則不能穿透。

　　(2)電力對人類有許多功用，也能傷害人類；用電安全很重要。

　　(3)靜電現象在生活中經常發生。

2.光

　　(1)光對人類、其他生物有許多功用。

　　(2)光以直線方式前進,當物體遮住光源就形成影子。

　　(3)光可以被物質所反射。

　　(4)太陽光是由許多顏色所組成。

3.聲音

　　(1)聲音由物體振動而形成,不同聲源形成不同聲音。

　　(2)聲音乃是經由許多物質而傳送。

4.磁鐵

　　(1)磁鐵有吸力,會吸附某些東西,但有些東西不會被吸
　　　住。

　　(2)磁力有穿透性,一個磁鐵隔著某些中介物質,仍然可以
　　　吸附其他東西。

　　(3)磁力有傳介性,一個磁鐵的磁力可以磁化其他鐵器,使
　　　之成為暫時磁鐵。

5.簡易機械

　　(1)槓桿原理在日常生活用品中經常發現,可幫助人類省
　　　力。

　　(2)輪子有很多種:輪軸、齒輪、滑輪等,可幫助人類省
　　　力。

　　(3)螺旋是彎曲的斜面,可幫助人類省力。

三、幼兒自然科學教育方法

　　幼兒自然科學教育之目標為科學知識、科學方法與科學態

度並重，而幼兒自然科學教育之要旨為以手動、心動為精髓的引導式發現學習法，據此提出幼兒自然科學教育之六項具體實施方法與策略：(1)提供直接經驗；(2)善用隨機教學；(3)豐富學習環境；(4)培養程序能力；(5)引導幼兒探索；(6)設計統整活動。

茲將實施方式敘述如下：

(一)提供直接經驗

幼兒天生好奇，喜歡運用各項感官去探索周遭世界，以探求究竟或尋求解答，因而幼兒科學教育最重要的方法是供給大量直接經驗，利用其好奇心，親身體驗、發掘答案，例如直接去觀察、去摸、去做、去挖、去混合、去拆卸等。換言之，欲了解大自然與科學內涵，需提供幼兒直接經驗，乃意指直接涉入與操作，又包含教學實地化與活動化。所謂教學實地化，乃指教學應儘量於自然現象所發生的現場實地進行，讓幼兒在真實與自然的環境中徜徉、觀察與探索，即所謂的戶外教學，它不僅包括一些森林遊樂區，亦可包括下列場所：

➪大自然中有山水之處，例如溪流、水塘、山邊、海邊、農場、牧場、果園、種苗場、養雞場、馬場、稻田、漁塭等。

➪動物園、植物園、公園等。

➪寵物店、鳥店、魚店、花店、生鮮超市、麵包店等。

➪修車廠、廢車場、工廠、生產作業線等。

➪街道附近情景，如上下貨、修理馬路水管、建築房舍等情景。

⇨園內戶外遊戲場。

　　進行校外教學之前，教師應與幼兒進行有關的行前討論，讓幼兒的校外之旅有興奮的期盼感，並有觀察的焦點，在校外教學進行中，教師可提供放大鏡，讓幼兒仔細觀察；此外也可將重要景象照像或錄影，以供回園後作為幼兒回想、討論之依據與補充。當然，在校外之旅過程，首要注意的是安全，園方或教師可請家長支援、陪伴同行，讓校外之旅充滿知性、感性與歡樂，如果無法進行校外教學實地觀察，則教師可先行前往觀察並錄影，然後讓幼兒觀看影片，或運用坊間現成的錄影帶或半具體的圖片。

　　另外一種方式是邀請家長或園外相關人士來園為幼兒解說，如：漁夫、農場主人、工程師等。總之，實地親身經驗是最直接的教學材料，也是很好的教學方式。

　　另外一項直接經驗是教師依據幼兒的生活經驗刻意計畫的科學活動，這些活動讓幼兒能具體操作並運用相關的科學程序能力——觀察、推論、分類、比較、實驗、下結論，例如：磁鐵吸力、水的浮沉及種籽發芽活動等，均能讓幼兒手動、心動。

(二)善用隨機教學

　　科學應是幼兒每日經驗的一部分。教師除了從幼兒每日經驗中選擇、計畫科學活動外，同時也必須善用隨機教學，因為在園內每天所發生的隨機經驗對幼兒而言，是最自然、最有意義、最具體、最容易了解，也是最不容易忘懷的經驗；但這些偶發事件若是未加任何「引導」，也只是過眼雲煙而已，雲消

霧散，不會產生任何的
學習效果。

　　教師應引導兒童去
發現現象之所以發生必
有其原由。例如：當戶
外遊戲時，在草地上發
現一顆木棉花絮，則會
引起幼兒極大的好奇與
興趣，教師可以適時抓
住機會，運用一些問題
讓幼兒推理、思考或安排一些活動，與幼兒的舊經驗聯結並引
導幼兒進一步探索與發現，這樣的學習富有情境意義、易於理
解，也就是幼兒所感興趣的。

(三)豐富學習環境

1.提供大量直接經驗，極為相關的是創造一個豐富刺激的學
　習環境，激發幼兒的操作與探索之心，簡言之，即抓住幼
　兒的好奇心、用心安排環境。

2.室內環境：可以建立科學角、科學學習區、科學興趣中
　心，或動、植物觀察區。

3.戶外場地可善加規畫，若空間夠大的話可分為遊樂器材
　區、花草樹叢區、蔬菜種植區、沙（水）箱區、魚池區。
　若無空間的話，也要儘量規畫一塊幼兒可以親自栽種的區
　域，或權宜運用，例如利用大保麗龍盒、塑膠盆等填以泥
　土。種植的作物則以易收割的夏令蔬菜如空心菜、白菜、

番茄、大黃瓜、絲瓜等為主。

4.幼兒是一個完整個體，既為個體，就有其差異，因此幼兒教學活動型態應彈性用團體、分組，與個別學習活動；科學區之設立，則能考量幼兒之個別差異性、滿足個別學習的需求。而且，幼兒活動室內若設有各個學習區域，如：科學區、圖書區、益智區、娃娃區等，則能提供優良的統整學習機會。

5.科學角可以備一小型的「興趣桌」或「探索桌」，將與教學主題有關的各種實物或教材陳列於此，在主題開始時可以作為引起動機之用，吸引幼兒前去探索，以凸顯主題。如在「動物的家」主題時，興趣桌上可以放置蜂窩。

6.進行科學活動所必須的一些基本材料，如放大鏡（供觀察用）、天秤（供測量、比較用）、鏡子、滴管、地球儀、溫度計等則必須常備於科學角之陳列櫃架上，讓幼兒能自行取用。

7.各種動物箱（籠）之擺置方式最好讓幼兒可以從不同面向加以觀察，儘量少放於牆角，侷限觀察的角度。抓來的昆蟲最好連原棲息之枝葉一起放入自製的昆蟲箱內。

㈣培養程序能力

　　培養科學程序能力是幼兒科學教育的重要目標，也是重要的方法。教師應如何促進幼兒的科學程序能力，茲就觀察、推論、預測／實驗、溝通等四大類能力分項說明之。

　1.觀察

　　　觀察是運用我們的感官去獲取事物與事件的訊息，是

獲取第一手資料與知識的直接方法，也是最基本的科學程序，更是進一步作推論的基礎。因此，教師應鼓勵幼兒於觀察事物時運用愈多的感覺愈好——看、聽、摸、聞、嚐。

當觀察開始進行時，教師以給與觀察的焦點來引導幼兒，觀察的焦點通常是以問題呈現之，例如：「注意看蠶寶寶如何移動身體？」甚而教師亦可和幼兒比較不同，例如：「蚯蚓寶寶爬行的方法有什麼不一樣？牠們有腿嗎？」

觀察有質的觀察，也有量的觀察。質的觀察著重於物體或現象的特性或品質，如物體的形狀、大小、氣味、質地、顏色、聲音等，在質的觀察過程之中或其後可能涉及分類、排序、比較，或時空關係的運用等，如檢視、比較石頭的紋路、形狀、硬度、顏色、大小、數量，沒有實際的翻動、把玩、觸摸是做不到的。綜而言之，觀察程序或多或少涉及操作、比較、分類、排序、測量、數字運用、使用時空關係等程序，幼兒教師應儘量提供機會讓幼兒運用這些能力。

2.推論

根據所觀察現象，提出道理的解釋或下結論就是推論，它涉及思考、推理。例如在炎炎夏日，幼兒見到室內自己照顧的植物生長良好，而園中的植物葉乾枯黃（所觀察現象），就推論道：「外面的花沒有澆水，長得不好。」（提出合理的解釋）教師於幼兒進行觀察後，應鼓

勵幼兒對所觀察的現象,運用其邏輯思考,推理其形成原因或提出解釋。推論很重要,因為它可以將幼兒的科學經驗整合起來,推理可以促進兒童的思考能力。

當開始進行觀察時,教師應給與觀察的焦點來引導幼兒,觀察的焦點通常是以問題呈現之,例如:「注意看螞蟻如何搬運食物?」甚而教師亦可讓幼兒比較不同,例如:「蚯蚓寶寶爬行的方法與螞蟻有什麼不一樣?牠們有腿嗎?」

在幼兒觀察時,教師可以供給放大鏡或線圈,幫助幼兒進行觀察。此外,教師應鼓勵幼兒從不同的角度、方位來觀察事物。

3.預測／實驗

預測是對未發生之事預先猜想可能發生的情況,它與推論不同的是:一個是對於目前現象提出形成之因(推論),一個是基於目前現象以及過去經驗,設想未來狀態。例如:幼兒午休醒來發現室內十分黑暗,「推論」是屋外烏雲密佈所致,「預測」不久馬上會傾盆大雨。推論與預測均可透過「實驗」加以驗證其正確性,對幼兒而言,實驗可以是簡單的操作行動以驗證其想法是否正確?而不涉及複雜的形成假設、控制變項等正式科學程序。

科學活動提供幼兒許多預測的機會,如果教師鼓勵幼兒在活動前事先預測會發生什麼事,並容許他們驗證其預測想法是否正確,勢必會激發幼兒的科學探索興趣。

4.溝通

溝通是很重要的程序能力。在進行科學活動時，以及科學活動後，教師應鼓勵幼兒以各種方式溝通其想法。適合幼兒溝通的方式有口頭、肢體律動、文字（塗鴉）、圖畫、圖表、美勞創作等。

　　例如：當教師要幼兒觀察蝸牛是怎麼走路時，幼兒的表現方式很可能是以肢體表現——趴在地上蠕動身體、站著扭動身體、用口語表達，或者是畫出蝸牛爬行的扭曲路線，任何的方式均是可接受的，也是可鼓勵的。通常較為害羞的幼兒，不好意思表演，就以美勞創作方式呈現，教師絕對不可忽視之。因為幼兒的溝通是一種對概念理解的表徵，他理解了才能具體表現出來，也唯有透過他具體表徵，教師才了解幼兒是否理解。所以老師不僅要鼓勵幼兒溝通，且要仔細觀察幼兒的各種具體表徵，以作為教學與評量的依據。

(五)引導幼兒探索

　　教師以發問與傾聽間接地引導幼兒，以及敏銳的領導有關主題的討論，教師的發問技巧成為引導幼兒科學探索的重要指標。幼兒在進行重要的科學程序時，如觀察與推論，教師須以問題引導幼兒，讓幼兒有觀察的焦點與推論的依據，發問在幼兒進行科學探索時，確實是非常重要的。

　　一般而言，問題可分為兩種型態：擴散性問題與聚斂性問題，二者皆有其特定功用；在幼兒從事科學探索時，教師雖應多提出擴散性問題，以促進幼兒推理思考，但也要適時巧妙地運用聚斂性問題。

1. 擴散性問題

　　擴散性問題又稱之為開放性問題，它可以鼓勵人們從單一起點往不同方向探索與思考，它通常能引發各種不同的答案，而且這些廣泛的答案均是可接受的。「擴散性問題」有許多功用：

(1)啟動發現與探索：一個科學活動，如果被一個待答的問題所啟動，就會成為一項富有挑戰性的發現學習，如：「有哪些東西可以被磁鐵吸住？」

(2)促進推理思考：很多的問題可以促進幼兒推理思考，例如：「怎麼樣才能讓冰塊快點融化？」

(3)詢問理解與否：老師可以特意提出問題，以測試幼兒理解情形，如：「要怎麼做天平的那一邊才會下降？」

(4)引發預測：在進行科學活動前，教師可以運用問題，讓幼兒根據過去經驗與邏輯思考，預想可能發生的現象，例如：「哪些東西會沉到水裡？」

(5)重燃興趣：有時候問題可以作為觸媒劑，重新點燃幼兒對某一問題的興趣。例如：「想想看，除了洗碗精加水可以作為吹泡泡的材料外，還有哪些物品也可作為吹泡泡的材料？」

(6)鼓勵創造思考：有些擴散性問題確能引發幼兒的創造思考力，例如：「如果沒有電（水），我們的生活會變得怎麼樣？」

(7)詢問感覺（想）：有些問題可以讓幼兒抒發對整個探究過程的感想。

2.聚斂性問題

聚斂性問題又稱之為封閉性問題，它通常只能往一個方向思考，也只有一個標準答案可以接受，然而此類型問題亦有其特定功用。

(1)引導注意力：當幼兒忽略了活動的主要部分時，教師可以使用聚斂性問題將幼兒注意力拉回，如：「你覺得紅杯子的水和綠杯子的水一樣多嗎？」幼兒聽了問題後，可以調整、改正而不會覺得被批評。

(2)幫助幼兒統整連貫：在進行活動時，教師可以讓幼兒回憶陸續所發生（進行）的事，以幫助幼兒連貫與統整整個活動，或思索先後順序的因果關係。例如：「剛開始時，蝌蚪身上有什麼？（尾巴）之後長出什麼？（後腳）再長出什麼（前腳），就變成什麼？（青蛙）」

(3)幫助幼兒理解事物之全貌：有時教師可以讓幼兒回憶以前所發生的事，讓幼兒比較前後，以了解事物之全貌。如：「今天的小白菜和二天前的小白菜看起來一樣高嗎？」

總之，教師的發問對於幼兒的科學探究是十分重要的，它可以促進幼兒運用各種科學程序能力，如：觀察、推論、實驗、比較、分類、預測、溝通等，同時，它也提供幼兒良好的示範——對任何現象提出疑問，間接培養幼兒好奇、發問的能力。除了發問技巧外，在引導幼兒科學探索時，特別要注意的是教師的說明與解釋要儘量中肯的反映事實，配合幼兒的能力

來發問，以免幼兒感到無趣或挫折。

㈥設計統整活動

　　幼兒是以一個完整的人，全方位地進行發展的，每一個領域的發展——身體、情緒、社會、認知、語文等都相互關聯與影響，缺一不可，因此幼兒的課程設計應是各領域均衡兼顧、統整實施。

四、自然科學活動設計

㈠植物主題活動

　　適於幼兒探討的植物基本概念計有：(1)種類與特徵；(2)部位與功能；(3)生物生長條件；(4)種子與繁殖；(5)其他繁殖方式；(6)對人類的功用（害處）。

活動名稱　植物展示與討論

☺活動目標：

　理解植物種類繁多，且各有特色，引起探究動機。

☺活動資源：各種整株食用的植物實物、圖書或圖片。

☺活動過程與注意事項：

　　1. 教師準備各類食用植物，有各種類型的，如有根的蔬菜類、瓜果類、穀類稻穗，或茭白筍等水生植物，以及各類食用植物的對照圖書或圖片（整株），如無法找到圖片，也可自行攝影，再配合教室內現成的觀葉植物與園內植物，進行團討。

　　2. 教師逐一拿起植物詢問幼兒該植物長在哪裡？或在哪裡可以看到？及還有哪裡可以找到或看到植物？答案可能是土裡面、地上、樹上、市場、花盆、瓜棚、水裡、木頭上……儘量讓幼兒發表。

　　3. 最後再逐一出示含有整株植物及其生長背景的圖片（或圖書），如瓜棚中的絲瓜蔓藤、稻田中的稻穗、土中的蕃薯、果樹上的橘子、地面的蔬菜、水中的菱角等。教師可詢問幼兒一些問題，如：「為什麼苦瓜長在搭著架子的瓜棚中？」「所有的植物都長在地上嗎？」「所有的水果像橘子一樣都長在樹上嗎？」「到底有多少種植物？」等，引起幼兒探究的動機。

　　4. 團討後的植物與圖片可以放在學習角之興趣桌上，供幼兒繼續探究。

5. 教師可以植物百科影片或圖書引起幼兒探索的動機。
6. 引導幼兒探索時，除以發問的方式外，可以正確感官
   探索引導幼兒學習。

二動物主題活動

適於幼兒探討的動物基本概念計有：(1)種類與特徵；(2)移動方式；(3)食物；(4)居住環境；(5)繁殖方式；(6)成長變化；(7)對人類功用（害處）。

| 活動名稱 | 動物圖卡分類與命名 |

☺活動目標：

　藉由分類與命名動物圖卡，理解動物的種類繁多。

☺活動資源：可操作的各種動物圖卡、分類提示卡。

☺活動過程與注意事項：

　　1. 教師出示幼兒於報章雜誌中剪下的各類動物圖卡，或買現成卡片，或自行繪製圖卡，請幼兒逐一命名，然後請幼兒將相同的放在一堆，可以分作好幾堆。

　　2. 當幼兒分類完後，教師詢問幼兒堆與堆之間的差異處。教師容許個別幼兒不同的分類標準，然後鼓勵幼兒以不同的分類標準再行分類。最後教師再行統整各種分類方式，例如：依移動身體的方式分類、依軀體外型分類、依活動地點分類、依繁殖的方式分類。

　　3. 此一活動適合小組活動進行，亦可置於學習角，讓幼兒個別探索。

　　4. 為增進幼兒作動物分類的能力，需增加與動物主題有關的認知活動。

(三)生存（地球）環境主題活動

　　人類生存的環境——地球，它的表面包括固體的土地形態——高山、平原、峽谷、沙漠、高原、島嶼、峭壁等。幼兒教師應協助幼兒認識與欣賞自然地理景觀，養成愛護大自然環境的情操；而在另一方面，幼兒應了解每日生活中所接觸不可少的陽光、空氣、水、土地的特性。

　　總而言之，生存環境主題有四個主要小主題值得探討：(1)石頭、沙、土壤；(2)水；(3)空氣；(4)天氣。

活動名稱	石頭尋寶

☺活動目標：藉實地尋找（挖）周遭環境中的石頭（泥土），認識石頭（泥土）種類繁多且各有特徵。

☺活動資源：各種石頭

☺活動過程與注意事項：

1. 教師將幼兒帶至社區附近的公園、鄉村或海灘，尋找形形色色的石頭，並帶回園中。

2. 返園後先將石頭清洗乾淨，再進行團討（濕的石頭與乾的石頭有不同的外觀）。

3. 教師請每一位幼兒選出自己尋獲的石頭中最漂亮的一顆，和大家分享，然後請大家投票選出哪幾顆石頭最漂亮，並說明為什麼認為它漂亮（例如：因為它圓圓的、上面有白條紋；因為它全是白色的、滑滑亮亮的）。

4. 挖寶活動可以是親子作業，請家長帶幼兒至家中附近挖掘泥土，在挖的過程中儘量讓幼兒動手，家長在旁協助，因為在挖的過程很可能會有石礫、土塊、鬆土、沙、死的植物夾於其間，有助於泥土是岩石風化而成的概念理解。

5. 幼兒將所挖掘之泥土裝一小杯帶入園中，在團討中展示，讓幼兒比較說出各種泥土不同處。

㈣自然力量主題活動

　　聲音、光、電是大自然界的能量，可以提供各種動力，推
動或改變物體的狀態；磁鐵具有磁力，是一種能吸引或排斥物
體的力量，這些都是大自然界的自然現象，與人類生活密切相
關，值得探討。此外，人類使用機械，藉轉換能量或力量來替
人類省時、省力，許多複雜的機械均由簡易機械原理所構成，
幼兒生性好奇、熱切探索，想發現日常生活中常用的機器為何
及如何發生作用，因而在自然力量主題中便將簡易機械包含在
內。簡言之，「自然力量」主題有五個重要次主題值得幼兒探
索：(1)電；(2)光；(3)聲音；(4)磁鐵；(5)簡易機械。

活動名稱　輪子的世界

☺活動目標：親身體驗輪子的功用。

☺活動資源：

　有輪子的器具、各種車子圖片、手推車或三輪車。

☺活動過程與注意事項：

　　1. 老師問幼兒在哪裡可以看到輪子？答案如：小三輪
　　　 車、腳踏車、汽車、玩具車子、超市的購物手推車
　　　 等；以及輪子有什麼功用？教師出示原先準備的圖卡
　　　 與幼兒一起討論。

　　2. 請家長幫忙準備手推嬰兒車或送貨的手推車，讓幼兒
　　　 在嬰兒車內裝重物推推看，並與該重物用手提起的感
　　　 覺比比看，哪個省力？亦可建議幼兒玩送貨遊戲，將
　　　 教室玩具或其他重物送到另一角落。

　　3. 請幼兒觀察玩具小汽車的輪子，並說出它的特色（兩
　　　 個輪子以軸相連），然後讓幼兒比賽小玩具車，看哪
　　　 一輛車走得快，可配合木板斜坡遊戲，加入摩擦力、
　　　 斜坡高度等變項，讓幼兒探索，經歷預測、觀察、驗
　　　 證、下結論等科學程序。

肆、幼兒數學活動

一、幼兒數學教學目標

　　在即將邁入二十一世紀時，我們如何培養具有挑戰性、富創造思考、解決問題能力的公民，為當前教育努力重點。數學為基礎科學，在幼兒的數學教育上，需以幼兒為中心，其主要教學目標有下列幾點：

㈠激發幼兒對數學的興趣

　　興趣是學習的泉源，對學習抱持興奮、熱切的心，學習才會有意義與效果。對數學有興趣、有動機就會自動地探索、研究、思考、驗證，因此幼兒教師應激發幼兒學習數學的興趣，創造一個豐富的探索環境，幼兒可以在生活中為解決實際問題而「習」與「用」數學，也可以透過各種有趣的紙牌、盤面、骰子等操作性教具或大小團體遊戲而「玩」數學。

㈡促進幼兒對數學概念的理解

　　幼兒學習數學不僅要覺得有趣，還要對自己的學習覺得是有道理、有意義的，亦即必須有概念上的理解。所謂促進幼兒概念理解，是指幫助幼兒尋求新的知識與其既有知識間的關係，並且相互聯貫。幫助幼兒覺得自己的學習是有道理的、有意義的，是今後教學上努力的重點。

㈢促進推理與解決問題之運用能力

　　所謂解決問題是一個過程，它是在不熟悉的情境中思索並

尋求解答的一種方法。學習數學不僅要理解概念與熟練技巧（如：演算技巧），而且還要能將概念與技巧靈活地運用於實際情境中，如此才是真正的理解。

二、幼兒數概念學習內容

　　根據皮亞傑認知發展理論，幼兒的學習皆是利用身體的五種感覺（觸覺、視覺、聽覺、味覺、嗅覺）來加強自己的認知能力，在建立數的概念時也是如此。因此，孩子在學習正式數學前應建立簡單的邏輯思考概念。所謂「邏輯思考」，是孩子學習推理、分析及統合的思考過程。

(一)幼兒在學習「數」前，可進行的活動如下：

1. 觀察和描述東西
2. 比較：同／異；多／少
3. 配對或一對一之對應
4. 分類
5. 序列
6. 型式排列
7. 相等化：等長、等高、等量
8. 合與分
9. 部分與整體
10. 唱數

(二)幼兒數概念學習內容

　　依據教育部國教司於民國八十三年八月所修訂「幼稚園課

程標準」中，列出數的概念學習內容包括：

1. 物體數、量、形之比較：比較物體的大小、多少、長短、輕重、厚薄、高低等。

2. 認識基本圖形：認識正方形、三角形、長方形、圓形等。

3. 物體的單位名稱：明白常見物體的數與單位。

4. 順數與倒數：知道十以內數的順序，並認識順數與倒數。

5. 空間方位：認識上下、前後、中間、左右方位等。

6. 數的保留：明瞭同等的數量與物品，在形狀改變時，其數量不變。

7. 阿拉伯數字：辨認 1～10。

8. 時間概念。

9. 結合與分解：了解十以內數目的結合與分解。

三、幼兒數概念教學方法

(一)生活化

為激發幼兒對數學的興趣，並促進幼兒對數學的概念理解，教學首重生活化。對幼兒而言，數學是處理生活中切身相關的問題。數學生活化涉及隨機抓住生活中的情境問題，談論與解決問題，如無法做到生活化，也要儘量模擬實際生活中的各樣問題，作為活動設計的依據。

(二)遊戲化

遊戲化教學是激發幼兒對數學興趣最直接的方法，因為幼兒的生活本就是以遊戲為重點。遊戲化包括角落自由探索遊戲（例如娃娃家買賣、積木角建構空間、烤肉的活動），以及操

作各種紙卡、盤面、骰子等教材（玩具），進行體能、音樂所構成的小組或團體遊戲。

(三)題解化

為了促進幼兒的思考與解決問題能力，解決問題教學方式，此一教學法特別強調創造一個解決問題的氣氛，讓幼兒在解決問題的情境與過程中，透過推論、操作、預測、討論與驗證，學到概念與技能。在幼兒數學教育課程中是很重要的。而解題情境應多源自於生活中的實際問題，或模擬的情境問題。讓幼兒在一個溫暖、無焦慮、有充分時間的環境中，自信地、願意嘗試地發展解決問題的策略。此外，解決問題教學方式主要目的之一在強化幼兒面對不確定、不熟悉問題情境時之思考、推理能力，因此，在幼兒解題過程中必須伴有不斷的開放式問題，因而教師應當提出類似「為什麼？」「怎麼做的？」「有什麼不一樣？」「還有？」等問題以引發擴散性思考。

(四)具體化

所謂「具體化教學」，即是利用各種教具、實物，且透過幼兒實際操作、體驗的教學活動。如此，幼兒才能透過感官、動作的探索，直覺思考來理解。

(五)多樣化

所謂「多樣化」包括教學內容與教學方法的多樣化。在教學內容多樣化方面，如以烹飪活動引導幼兒測量、計數、空間、程序、科學等概念；在體能活動中可納入空間、計數、分類的活動內容；在自然活動時，可引導幼兒透過觀察、比較方法，學習分類、大小、多少……等數的概念。

此外，在數學的學習內容方面也需多樣化，它包括數與量、幾何與空間、分類、序列、配對、型式排列、時間、空間、統計等……。

　　在教學方法多樣化方面：教學型態上，應採大、小團體活動、學習角及自由探索。教學情境上，在活動室內布置與數有關情境，如四季風景圖、日曆、鐘，兒童身高、體重比較圖表……等。在教學媒體的運用上，可使用電腦、計算機、投影機等來引導幼兒數的活動。

四、幼兒數概念教學活動示例

活動名稱 走迷宮尋寶

☺活動目的：讓幼兒透過遊戲方式，學習計數與二數之和。

☺活動資源：小朋友和老師共同在硬紙板上設計並繪出道路、路障（如遇斜梯須退滑 x 步）、路階（如：遇飛鳥可往前 x 步），與終點寶藏之「尋寶路線圖」。另外還須三、四隻塑膠小動物模型（每位小朋友代表一隻動物）和一副大型點數或圖形（如：動物、植物）骰子。

☺活動過程：

  1. 剛開始玩時，須確定每位幼兒均會閱讀點數，先讓幼兒輪流使用一只骰子，依所擲骰子之點數，順著路線圖移動小動物模型。遊戲進行時，容許幼兒一個一個地數算骰子的點數，或在走路線時大聲地數出所走步數。遇到路障就依所示退幾步，甚至進幾步，誰先到達終點寶藏處，誰就是贏家。

  2. 再讓幼兒們輪流操作兩只骰子，依兩只骰子點數之和，順著路線前進 x 步，以取寶藏。

    🔍幼兒們通常會很在意誰多走或少走一步，這種互動交流方式實可促進幼兒對數與數間關係的敏感，教師應多設計這種板面遊戲，讓幼兒快樂地學數學。

  3. 如果是大班小朋友可以嘗試純數字骰子，愈小的幼兒就必須儘量使用動、植物圖形骰子或點數骰子，在骰子上的點數要儘量地小。

  4. 本活動亦可將順著路線找到寶藏之設計改成取盒子之

珠子。即寶藏圖由數盒（視玩家多少而定）同數量珠子（串珠、彈珠、籌碼，或小積木等）取代，幼兒仍投擲骰子，依點數之和取個人面前盒中之珠子，誰先取完珠子，誰就是贏家。

自我評量

1. 略述常識課程所涵蓋的範圍。

2. 略述社會教保活動內容。

3. 在社會科活動中可帶領幼兒參觀的場所有哪些?

4. 略述幼兒自然學習活動的內容。

5. 自然活動實施教學方法有哪六項?簡述之。

6. 在自然活動中,可帶領幼兒進行參觀學習的場所有哪些? 盡妳所知列出。

7. 如何在園所內布置一個豐富的自然學習環境?

8. 試以「蚯蚓」為主題,舉出可向幼兒提出的「擴散性問題」與「聚斂性問題」各三題。

9. 依據「幼稚園課程標準」,幼兒數的學習活動內容涵蓋哪些範圍?

10. 引導幼兒學習數的活動時,教學方法之一為「多樣化」,此「多樣化」教學應包括哪些?

第五節　幼兒音樂活動

　　音樂能陶冶身心，提升性靈。在人類的藝術當中，音樂是最先表現的活動。在嬰兒期的孩子便開始對音樂有喜好，如優美的音樂、節奏清楚活潑的樂曲均能引起愉悅的表情或動作。從生理上而言，音樂能促進聽覺器官的敏銳，也能促進身體動作的靈敏。在心理方面，能影響幼兒情緒、行為，更具啟發人格、氣質之作用。因此幼兒期的音樂教育對幼兒的影響和價值深遠，教師在實施音樂教學時，須明瞭音樂教育的目標，以做為教學之依據（請參見 45 頁幼兒音樂教學目標）。

壹、幼兒音樂課程範圍

幼兒的音樂教學,應以幼兒為中心,教師以遊戲、歌、舞等生動有趣的活動,讓幼兒透過感官、動作、認知……等活動,以培養幼兒的音樂感、節奏感、體驗音樂概念,以及情緒的感受。因此幼兒音樂活動包括:唱遊、韻律、欣賞與節奏樂器四大項,以豐富幼兒的音樂生活。

貳、唱遊教學活動

一、唱遊教學原則

(一)及早開始

「音樂教育及早開始」已經是音樂教育家一致的理念。胎兒在母腹之中就能與母親的歌聲相互共鳴,嬰兒期咿呀學語的過程就是歌唱的自然表現,而歌曲的語言節奏、曲調高低也有助於幼兒的語言發展,因此,歌唱教學更應及早開始。

(二)審慎選曲

幼兒歌曲的選擇應考慮下列要素:

1.音域:一般來說,三、四、五歲的幼兒,其音域(最低音至最高音的距離)大約是五度、八度。

2.節奏:簡易、單純,節奏宜有反覆性。

3.曲調:曲調宜有反覆性,下行曲調較上行曲調易掌握。

4.歌詞：符合幼兒生活內涵，題材多元化。

(三)歌曲分析

教學之前，一定要對歌曲有所認識。歌曲可按下列項目來分析：

1.拍子：二拍子、三拍子、四拍子、複拍子。

2.起拍：強起拍、弱起拍。

3.節奏型：簡單、複雜、反覆式、多變式。

4.音域：五度以內、八度以內。

5.歌詞：動物、植物、自然、生活、節慶、催眠、親情。

6.速度：快、慢、中等。

(四)熟唱歌曲

老師在教學前的練唱是必要的，實際去唱才知道是否真正理解歌曲。練唱除了力求正確之外，還要知道樂句、段落的所在，多作反覆練習。邊彈邊唱或離琴清唱都要練習，最好能背唱歌曲，教學時自然駕輕就熟。

(五)教學設計

一般老師對於歌曲教唱常不在意，總認為很簡單，其實歌唱教學並非一昧單調地反覆習唱，多用巧思、創意，配合運用發問、故事、圖片、圖譜、動作、遊戲等活動，將會使教學達到確實的效益。

(六)合乎幼兒學習的順序

根據研究，幼兒學習歌曲的順序為：歌詞、節奏、樂句、曲調、輪廓、音程，然後是調性的掌握。因此，在教學上宜從唸唱歌詞、拍打節奏開始，再逐漸進入曲調的習唱。

(七)適當的起音

老師通常是按照樂譜的音高起音，不過，必須要注意譜上的音高是否適合幼兒歌唱，如果不適合，應該要移調到適當的調來唱。

(八)正確的範唱

「模仿」是幼兒歌唱學習的主要方法，老師是他們重要的模仿對象，因此，老師的範唱在音準、節奏、分句、發聲、咬字、呼吸、姿勢上，絕對要「正確」。

(九)音樂性的範唱

範唱不止於正確而已，還要具有音樂性。老師的角色就是一個活生生的表演者，歌聲、表情、目光、台風都要有藝術性和真誠感，無形中給與幼兒美的陶冶。

(十)多唱、多做

歌曲教唱重點在「唱」，而不在「說」，老師費勁唇舌的解說，不如一次正確的範唱。若範唱不足以讓幼兒理解，運用身體動作，配合歌唱，表現歌曲的高低、長短，使音樂有視覺上的具體外顯將是有效的策略。

(土)團體學習

在團體中進行歌唱教學極為有效。團體歌唱有助於幼兒彼此互相聆聽、培養音感、調整音準。特別是音準差的人，在團體中可較為放鬆，才敢開口唱歌。這類的幼兒宜安排在音準好的人當中，可以鞏固他的音準。

二、唱遊教學活動策略

歌唱教學若錯過幼兒的學習關鍵期，在日後欲謀補救幾乎是事倍功半，因此，應該要把握時機，提供幼兒學習的機會正確地引導。

聽唱教學

聽唱是最原始，也是最有效的教唱，簡單的說就是老師範唱，學生模唱。聽唱須要仔細的聽，經過內在的辨別、內化、記憶，再模仿唱出。聽唱教學可有伴奏或無伴奏，有伴奏，孩子較會依伴奏；無伴奏，必須多靠自己的耳和大腦。聽唱教學有下列原則和方式：

1. 根據歌曲的結構做各種不同的變化教唱。根據歌詞、曲調結構作問答式聽唱。

2. 按照歌曲的分句，先做短句聽唱，再做長句聽唱，先從兩小節一個短句聽唱，再做六小節、四小節一個長句聽唱。

3. 運用手勢、動作或圖譜教唱
   (1)一邊唱，一邊以手勢比劃曲調的高低。
   (2)一邊唱，一邊以拍腿、拍肩、拍頭的動作分別表示。
   (3)一邊唱，一邊用手指著圖譜。

4. 故事歌曲教唱
   歌曲若是具有故事的情節，可用說故事的方式教唱，隨時發問，吸引幼兒注意和啟發想像。

5. 運用圖片提示歌詞

6. 加強複習

歌曲教唱之後，應運用不同的方式加強複習：

(1)接龍唱：按照歌曲的樂句，師生之間或幼兒分組做接龍唱。

(2)問答或對唱：師生或幼兒分組問答或對唱。

(3)口唱與默唱的交替。

(4)配合動作表現樂句：唱歌時，同時感受樂句的結構，使幼兒對音樂的概念更有意識。

(5)配合律動動作：歌曲本身存在著自然的節奏律動，載歌載舞是幼兒的本能，也是音樂的本質。

(6)配合遊戲動作：許多童謠或歌曲同時有音樂和遊戲動作，稱之為「歌唱遊戲」。

(7)配合天然樂器表現拍子或節奏：一邊唱歌，一邊用拍手、拍腿、踏腳或彈指來伴奏，一方面增進節奏感，一方面培養分部能力，使心口合一、手腦並用。

7.配合節奏樂器伴奏：能夠邊唱邊用簡單的打擊樂器伴奏，結合人聲與樂器的合奏表現。

8.變換歌詞：變換歌詞是即興創作的一種方式，可以激發幼兒的想像與創作。

參、幼兒律動教學活動

一、音樂與律動

音樂是一種有秩序而連續運動的聲音效果。音樂的各組成

要素無一不具有豐富而細膩的「動作形象」，其中節奏更是音樂的生命脈動，賦予音樂規律流動的「秩序」和源源不斷的動力。音樂的動力最容易引發人們內在生理和心理的節奏，引發人們「聞樂起舞」的本能反應。

身體的每一個部位都具有獨特的動作表現，從頭（包括臉部五官）、頸、肩、胸、上肢（手指、手掌、手背、手肘、肩膀）、腹、腰、臀、下肢（腿、膝、腳）等。單獨的身體部位可以擺動，組合在一起有更多的表現。身體部位除了基本動作之外，還可以有許多的變化，統稱為「具體活動」。身體活動大致可分為定位動作（在固定的空間內表現的動作）和移位動作（空間易位的動作）兩大類，每一種動作因為空間、時間和力量的變化產生不同的特質。

（一）空間

1.水平：高、低、由高而低、由低而高。

2.方向：前、後、左、右、上下、內外、正面、斜角。

3.大小：大動作、小動作；遠距、近距；寬、窄。

（二）時間

1.速度：快、慢、漸快、漸慢。

2.長短：持續、短促。

3.節奏：規律拍、重音拍子、節奏型。

（三）力量

所有的動作都需要力量，力量的使用和身體肌肉及情緒的緊張或鬆弛有明顯的關係。因此，力量的變化可以反映及表達感情。

表現力量的內容：輕、重；緊張、放鬆；輕柔、急促；漸進的、瞬間的。

二、律動教學的目標

律動教學是結合音樂與動作的教學，打破傳統由樂譜、符號被動的聽、寫活動，引導以身體動作對音樂作主動的律動感應、表現。

律動教學包括了聽覺、動作、視覺、呼吸、認知、意志、情感等整體的運作表現，有助於培養兒童的音感、理解、技能、專注力以及肌肉控制協調等能力。

律動給與幼兒想像創作的機會。它使幼兒從自我的表現中獲得成就感。另一方面，律動教學以遊戲的方式在活動中要求幼兒對「訊號」（領袖）的服從，以達到群體動作的協調，培養幼兒的社會合群性。

綜合以上所述，律動教學主要的目標有：

(一)培養音樂的感覺和理解力。

(二)增進肌肉發展、控制與協調能力。

(三)培養身心平衡、和諧健全的人格。

(四)培養想像、創作、自由表現的能力。

(五)培養協調、守法、互助合作的社會群性。

(六)紓解幼兒情緒，進而學習適當情緒的表達。

三、教學原則

(一)設定活動空間：實施律動教學很重要的一點是先和小朋友約

定哪裡是活動的範圍。善用教具或想像比硬性規定效果大得多，以呼拉圈、彩墊或地磚作為自己的「家」，不可以隨便打擾別人的「家」。把手向前後、左右舉，擦一擦四面的「窗戶」，要小心不可輕易碰壞了「玻璃」。先從坐、臥等非移位的動作探索開始，穩固基礎，並與老師建立默契。然後再嘗試空間移位的動作。

㈡從幼兒本身的節奏開始：律動的速度應該以幼兒身體動作的自然速度為準。老師應先觀察幼兒一般的平均速度，以該速度來作律動。在活動中隨時調整以符合他們的身心狀態。

㈢根據幼兒身體動作發展的順序，動作應從大肌肉開始，由頭部（頭、頸、五官）、上肢、下肢而至全身。

㈣從原始的、自然的、非經過訓練的、幼兒所共通性的動作開始，例如：走步、跑步、旋轉、跑馬步、跳躍等。

㈤重視暖身活動，並動、靜活動平衡地交替進行律動活動，開始時應該先有暖身，一來是平靜幼兒的情緒，二來是為身體的活動作準備。暖身活動仍應視為律動活動的一部分，要具有節奏感。活動之間，應視幼兒的情況注意活動動、靜的合理分配，避免幼兒過動，造成亢奮或疲勞。

㈥創造性的引導取代權威式的要求，尊重每一個孩子，肯定凡出於自發的、真誠的表現都是好的。

㈦經常同中求變，培養幼兒的專注力及反應力：幼兒注意力很短，同一個活動或動作不可連續反覆太久，應經常稍微變化。幼兒必須隨時專心聆聽才能作立即的反應，無形中養成專心的習慣。

㈧鼓勵個人表現，同時重視群體的互動，律動教學的過程應不斷地鼓勵孩子把個人的想法盡情表現，另一方面，也要讓個人與他人有充分的互動，相輔相成，共同群體的創作表現。

㈨儘量以音樂引導教學，少用言語發號施令：音樂本身是最好的教學者，老師應善用音樂引導教學或以音樂作為和孩子約定的信號。

㈩多做示範，少費唇舌：與其費勁唇舌說得讓孩子一頭霧水，不如老師做一次正確的示範。把握「肢體語言」的絕妙策略，教學就能事半功倍的達到目標。

四、教材

㈠童謠、兒歌、創作歌曲

童謠、兒歌是幼兒最熟悉的音樂素材，題材範圍很廣，例如：動物、植物、自然界、交通、季節、節慶、行業、催眠、親情、歷史、勵志、幻想、逗趣等。

㈡即興音樂

一般老師習慣於選用現成的教材，一成不變地照譜彈（唱）。經常為了教材難尋或音樂太難而苦惱。其實，如果能在熟悉的教材上略作即興的變化，就能產生無數的素材，例如：改變快慢、強弱、拍子或作高低的變化，讓幼兒隨時作立即的反應。即興可帶來無盡的音樂來源並能讓老師隨時「因材施教」，因應幼兒的需要作彈性的教學。

㈢樂器

任何能夠表現音樂的方式都可以引發幼兒的律動：一個簡

單的手鼓、響木可以表現節奏；歌唱、木琴、直笛可以表現曲調。鋼琴體積龐大，限制老師在幼兒的活動當中給與適時的輔導，而人聲隨時可唱，節奏樂器輕巧易奏，教學上反而比鋼琴更有效益。

㈣錄音成品

　　如何選擇適切的音樂，似乎沒有絕對的標準，不過有一些原則可以作為選擇時的參考：

1. 符合學生身心發展：音樂速度的快慢適中聽起來應該是賞心悅目的，長度要簡短且富有反覆性，歌詞內容應符合幼兒的生活，字句通順易懂。
2. 具有明確的音樂特質：規律的拍子、鮮明的節奏型。
3. 音樂的品質：表演者的演唱（奏）技巧、樂器的種類、錄音的品質，老師應該堅持原則，不用翻版品。

五、律動教學活動策略

㈠探索動作：老師引導幼兒探索不同的動作，先從日常生活熟悉的事物開始，如以說故事方式引導（不必配音樂），激發幼兒的想像力和創造力，讓他們在沒有壓力的情況下自由地以動作表現。之後，老師再以音樂引發幼兒的動作。

㈡歌唱律動：教師可依歌詞引導幼兒創造動作；同時也可與幼兒一起改變歌詞，以增加幼兒學習兒歌律動的趣味性，並培養創造和想像能力。

㈢唱童謠、兒歌，並配合身體律動的表現，對幼兒而言是一種合而為一的活動方式。歌唱律動的素材包括單純的唸謠和唱

有曲調的歌曲，有傳統的也有創作的。

肆、音樂欣賞教學活動

　　幼兒的音樂活動與行為，是由「聽」開始，接著「唱」、「奏」，最後才是「創作」。音樂是一種聽覺的藝術，能聽到並感受到音樂，才能進一步學會演唱，隨著樂音律動，或演奏樂器。

　　聽音雖是音樂演奏、演唱、情意、認知及創作的基礎，欣賞則是聽音的更高層次發展。欣賞是指由心底領會音樂的美感，並產生愉快的感覺。所以學習欣賞音樂將會帶給幼兒一生的樂趣。

一、音樂欣賞的教學目標

　　依課程標準（教育部，民 76）中明訂欣賞音樂的內涵，旨在提升幼兒聆聽、辨別及欣賞的基本能力，以培養幼兒對音樂的感受力。所以教學目標應涵蓋這三方面：

㈠聆聽：指幼兒注意到聲音的存在。

㈡辨別：指幼兒能分辨聲音的差異，並能加以分類。

㈢欣賞：指幼兒能體會音樂的美感，並產生愉快的感覺。

二、音樂欣賞教學內容

㈠聆聽各種聲音：包括「自然界」和「人為的」各種聲音。

　　1.自然界的聲音：各種動物的聲音，風、雨、雷、電、流水

聲⋯⋯等。

　2.人為的聲音：人的聲音（講話聲、各種表情的聲音、男女
　　老幼的人聲、各種動作的聲音）、各種交通工具的聲音、
　　常見的機械或家庭電器用品的聲音。

㈡辨別聲音的大小、高低、強弱、長短、快慢。

㈢欣賞各種樂器的音及樂器所演奏的樂曲：各種敲擊樂器、管
　弦樂器、國樂及西洋樂器。

㈣欣賞各種音樂：兒歌、世界名曲（鋼琴曲、藝術歌曲、小奏
　鳴曲、獨唱、合唱）。

㈤欣賞歌劇、歌仔戲、京戲等音樂。

三、欣賞的教學原則

㈠讓幼兒常聽同樣的曲子：幼兒喜歡重複聽他所喜歡的音樂，
　如同他喜歡重複聽他所喜歡的故事一樣。因此教師要多提供
　幼兒不同的音樂，同時，可配合各種活動情境彈奏或播放，

如固定播放代表睡覺、飲食、遊戲、起床、朝會時的音樂，不僅加深幼兒對這些音樂的感受，也培養幼兒規律的生活。

㈡讓幼兒自由自在的聽音樂：老師於適當的時間彈奏或播放音樂，讓幼兒自由聆聽，是在潛移默化中培養幼兒喜愛欣賞音樂的最好方法。

㈢欣賞的樂曲不宜過長，以精簡的音樂呈現，免得幼兒不能專心而減低對音樂的感受力。

㈣配合幼兒的身心發展，將課程安排由簡至繁，由具體到抽象，由動作來表現欣賞的感受到圖畫式的表現，最後才到以符號來表現。同時，讓幼兒有機會在舊有的經驗基礎上學習新經驗。

四、欣賞的教學策略

㈠引導幼兒以動作來表現欣賞的感受：

1. 一邊欣賞樂曲，一邊隨著音樂做出拍手、踏腳、走路或搖動的動作。

2. 一邊欣賞音樂，一邊以身體自由反應感受。

3. 一邊欣賞樂曲，一邊隨著曲調的高低擺動雙手、身體或做手勢。

4. 對於音樂的主題或內容做出具體的模仿動作。

5. 聽到樂曲中的特定音色，做出演奏大鼓的姿勢。

㈡引導幼兒以圖形表現欣賞的感受：

1. 首先以故事方式介紹樂曲的主題、內容，而後讓幼兒聆聽、欣賞樂曲，請幼兒依其想像力和感受以線條和色彩來

表現。

2.讓幼兒將聆聽音樂的感受畫出一幅圖畫。

3.老師畫出與樂曲內容或各種樂曲主題有關的圖卡，讓幼兒
在聆聽完音樂後畫出與該音樂內容情境相同的圖卡。

㈢配合活動主題欣賞有關的音樂：為增加幼兒欣賞音樂的樂
趣，老師可選擇與活動有關的樂曲，讓幼兒於活動中反覆聆
賞或哼唱，以增加熟悉感和趣味性。

㈣引導幼兒以戲劇來表現：在欣賞故事性的音樂時，可讓幼兒
多聆聽欣賞幾遍，教師與幼兒一起討論樂曲的主題曲調及音
色所代表的人物、動物及表情動作，而後讓幼兒扮演其中的
角色。

伍、節奏樂器教學活動

敲敲打打是幼兒的本能也是興趣，如能引導幼兒有規律的
敲打，以生動活潑有創意的節奏樂器教學，不僅滿足幼兒的愛
好，並能在敲打的過程中，培養其專心及促進大小肌肉的發
展，學習到音樂中的秩序、和諧之美，陶冶情操，豐富幼兒的
生活。

一、幼兒樂器的種類

㈠天然樂器：所謂「天然樂器」是指我們自己的身體，把身體
當樂器來拍打節奏，方便又具效果。如彈指、拍手、拍膝、
踏腳並配合強弱的音色變化與各式各樣的節奏，便成為一首

生動美妙的樂曲了。

㈡打擊樂器：凡是以敲擊出聲的樂器皆為打擊樂器；打擊樂器
　又可分為有調樂器和無調樂器。

　　1.有調樂器：中、高音鐘琴，高、中、低鐵琴，高、中、低
　　　木琴。

　　2.無調樂器：大鼓、小鼓、手鼓、三角鐵、響板、沙鈴、木
　　　魚、鈸、鑼……等。

㈢自製克難樂器：凡利用自然物（石頭、樹枝、沙……）、廢
　棄物（各種瓶罐、各種質料的板子……）、生活用品（廚
　具、家具……）等可敲擊發出聲音者，皆可成為克難樂器。

二、節奏樂器的教學策略

㈠指導幼兒邊唱歌邊打拍子：練習以樂器敲擊伴奏之前，先以
　自己的四肢或其他部位當做樂器來練習。首先不必唱歌，只
　用手打拍子。由簡單的拍子學起，然後學習有變化、較困難

的節奏。

㈡回聲遊戲：幼兒模仿老師拍打節奏，老師以某種方式拍幾下，幼兒就跟著做。當幼兒熟悉後，讓幼兒輪流當小老師，做給其他幼兒模仿。

㈢教導幼兒練習頑固節奏伴奏：採用頑固伴奏就是相同的伴奏一直重複；選一首歌曲，找出適合它的伴奏方式，再讓幼兒重複伴奏，會伴奏後，再讓幼兒一邊伴奏一邊唱。

㈣以敘述故事方式進行教學：找一個故事或想像一個故事，以天然樂器或其他樂器表現一個角色或情境。如「動物的音樂會」，在故事中的每一種動物分別以不同的聲音及節奏來表現，隨著故事情境的變化，敲擊的方式（一人、兩人伴奏或齊奏）也跟著變化。

三、教師在實施樂器教學時應注意的事項

㈠老師需引導幼兒正確拿樂器與使用樂器的方法，以避免不當的使用而影響學習，或減少樂器使用年限。

㈡讓每一位幼兒都有機會敲擊樂器，以增加幼兒敲擊樂器的美好體驗。

㈢活動內容的安排設計需配合幼兒身心發展，在樂器及樂曲的選擇上可依孩子的經驗、能力來選擇。

㈣老師在實施奧福樂器教學時，要以幼兒的方向為主，示範時要讓幼兒看得清楚，且易學。

㈤在合奏教學時，先以天然樂器打節奏後，再帶入打擊樂器，如此能較快進入狀況，而很快就能進行合奏。

㈥以小組輪流表演來互相觀賞，以增進學習效果和成就感。

陸、音樂教學活動示例（見下頁）

活動名稱 兩拍子的認識

☺活動目的：

　　1. 認識兩拍子。

　　2. 培養幼兒認識兩拍子音樂的特色。

　　3. 藉著拍打天然樂器、打擊樂器的練習，培養幼兒有規
　　　律的節奏感。

☺活動資源：譜五（附圖），打擊樂器

譜5　　　　　　　　騎木馬

☺活動過程：

　　1. 小朋友先隨著樂曲的拍子，自由地做不同的動作（如
　　　拍手、拍膝……等）。

2. 老師輔導幼兒學習重拍和輕拍的分別；二拍子的樂
   曲，通常第一拍重，第二拍輕；老師可提供各種不同
   動作的可能性。動作可將腳踏地和拍手同時進行，亦
   可以第一拍拍手，第二拍腳踏地。

3. 當幼兒熟悉兩拍子的動作後，老師要求幼兒自己創造
   動作，老師從旁引導修正後，便可讓團體合作；原則
   是保持兩拍子規律的動作。

4. 最後，用鼓或打擊樂器和音樂配合動作，全體練習。
   敲打的方式：第一拍為重拍，敲鼓心；第二拍為輕
   拍，敲鼓邊。如下圖：

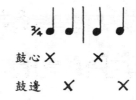

或以三角鐵和著其他打擊樂器敲打第一拍，如此可幫
助小朋友有重拍的感受。如下圖：

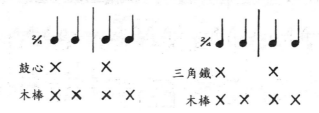

活動名稱 體驗快和慢

☺活動目的：藉著幼兒對動物之觀察力和想像力，培養對速度快慢與音樂特性的感受。

☺活動資源：不同速度的樂曲皆可用，老師也可把樂曲因需要而改變速度或自己創作；打擊樂器。

☺活動過程：

1. 教師先彈一首曲子，請幼兒猜一猜，所彈奏的曲子，哪些是大象？哪些是小雞？若是低而沉重的慢速和弦就是大象，若是高音而節奏輕快則是小雞。

2. 當幼兒答對了，引導幼兒模仿大象和小雞的動作，模仿大象時，可以肢體、道具作長鼻子，並請一位小朋友在小鼓上敲非常慢的拍子，和著大象的步伐；模仿小雞時，可用手在背部作小翅膀，用腳尖快走，並以一木板輕快的伴和。

3. 第一次練習時，樂曲的速度對比宜較為強烈，以便幼兒容易分辨；為避免枯燥，老師可常改變動物的種類，如老虎和小白兔等，敲擊的樂器可隨動物而改變。

自我評量

1. 幼兒音樂學習活動內容有哪些？
2. 請找出在市面上符合幼兒歌唱、欣賞的兒歌、音樂的錄音帶、CD 各一卷。
3. 略述聽唱教學的原則和方式。
4. 試述幼兒音樂欣賞的教學活動內容。
5. 舉出可讓幼兒敲打節奏的樂器有哪些？
6. 何謂「回聲遊戲」的節奏樂器教學？
7. 試以一首樂曲，寫出引導幼兒以圖形表現欣賞的感受之欣賞教學法。
8. 請找出二項與幼兒音樂活動有關的教學活動資料。

第六節　幼兒美術活動

　　塗鴉、繪畫及欣賞美的物品，皆是幼兒的本能與需求。當看到幼兒沉浸在塗鴉、繪畫、創作之情境時，那種專心與完成後的滿足感、喜樂，實在令人感動，因此更肯定美術教育對孩子的重要。幼兒美術活動是幼兒各種發展特徵的反應，它代表了幼兒心靈的感受與動作的經驗，也反應了情緒與人格特質。所以在實施幼兒美術活動時，不應只重視其成品，應配合其身心發展，讓幼兒在美術教育中獲得全人格的發展。因此，幼兒美術課程的教育目標包括下列四點：

㈠豐富幼兒的美術創作與審美經驗。

㈡培養幼兒美的情操及尊重大自然生命。

㈢增進美術技能。

㈣培養審美、創造、思考的能力與興趣。

壹、幼兒美術活動教學原則

　　為便教師在實施幼兒美術教學時更能掌握創造性課程的功能和目標，將創造性美術課程的教學原則歸納成下列九點以供參考：

一、支持並鼓勵學生不平凡的想法和表現。

二、完全接受幼兒所表現的一切。

三、重視學生的個別差異，並因材施教。

四、提供學生足夠的自由思考情境與時間。

五、透過美術學習培養師生和幼兒間溝通和尊重的態度。

六、促進美術與生活的延伸學習。

七、啟發右半腦的視覺想像與創造發表能力。

八、增加素材和技法的引導與應用。

九、利用遊戲化的教學策略。

貳、幼兒美術活動教學策略

　　美勞活動課程的目的在循循善誘孩子對美術學習的興趣，使其在自由、輕鬆的學習中逐步自我實現。而其教學策略，大體也可歸納成下列十大步驟：㈠引起興趣；㈡遊戲試探；㈢心理解凍；㈣信心建立；㈤充實知能；㈥反覆學習；㈦成果發表；㈧分享肯定；㈨追求突破；㈩獨立思考創作。

參、幼兒美術教學內容

　　完整的幼兒美術課程，除包括繪畫、設計、雕塑、工藝四大教學領域之外，還應充分結合欣賞教學活動：使兒童能欣賞自己與他人的作品，或將作品經驗轉移至大自然中的色彩、形體等或圖書館、美術館中典藏名畫、藝術品的美感體驗。由於美術活動是一種手腦並用的具體表現，所以教師應針對感官的

探索及認知，提供幼兒各種生動、有效的學習活動，讓幼兒對創作活動、審美活動和生活體驗融合為一體。

1. 幼兒繪畫活動：在引導學生透過材料、技法來表達內心情感或視覺觀察的圖象符號。如：線畫（各種筆的線畫、各種線條素材所表現的線畫）、彩畫：色鉛筆畫、粉蠟筆畫、廣告顏料畫、彩色筆畫，其技法表現：吹畫、滴流畫、渲染畫、滾珠畫、抽線畫、蓋印畫、擦畫、拓印畫……等。

2. 平面設計是讓幼兒透過剪貼、描繪做裝飾性圖案或傳達性符號，以達到活動告知的效果，如卡片設計、海報設計……等等。如：剪貼畫、版畫。

3. 雕塑大部分以泥工為主要課程，所謂泥工是利用陶土、黏土、沙土來堆積，並加以雕刻成自己想要的造形，目的在讓幼兒透過手眼協調、肌肉運動等來體驗三度空間與立體造形的量感和動態。

4. 工藝：指的是引導幼兒利用紙、木頭等身邊物品，創作加工成讓自己可以娛樂的玩具。如：紙工、木工、縫工、廢

物工（綜合工）。

一、繪畫

(一)幼兒「線畫」的指導要點、材料工具的選擇

1.指導要點

(1)提供色彩顯明的硬筆，及大張平滑的紙，滿足其大肌肉運動的快感。

(2)直線與各種曲線的描繪練習。

(3)透過以粉筆畫泥地、灑水線、排竹棒等遊戲方式，體驗線條的造形特性。

(4)學習用線條畫基本圖形。

(5)開始用線條創作圖畫日記、說故事。

(6)體驗線條粗細、快慢、長短、軟硬等特性。

(7)嘗試線畫與彩畫的結合表現。

(8)練習用線條記錄觀察物。

(9)嘗試用各種畫筆來畫線。

2.線畫的材料工具

(1)筆材：軟性鉛筆（2B、4B、6B）、簽字筆、色鉛筆、蠟筆、彩色筆、毛筆、竹筆、毛刷筆、沾水筆、草繩筆、圓規筆等。

(2)紙材：圖畫紙、紙板、宣紙、包裝紙、紙盒、黑板等。

(3)相關教材：線畫的教學也可以透過土條、貼紙條、貼毛線、折鐵絲、滾色、畫泥地、灑水線、排竹棒、扭草繩等方式來配合實施，結合這種遊戲性教材，將更能激發

幼兒學習的興趣和學習效果。

(二)幼兒「彩畫」活動的用具、材料和指導要點

　　幼兒在畫彩畫時，所使用的用具和材料有下列各種類別，使用及指導方法也各有不同，下面舉出實例加以說明：

1. 色鉛筆畫

　　色鉛筆可以讓幼兒用來描繪線畫，也可以用來表現彩畫，尤其在小地方或是要仔細地描繪時，最能得心應手。

2. 粉蠟筆畫

　　油蠟筆和粉蠟筆、色粉筆比一般的色鉛筆能表現自由自在、無拘無束的畫面效果。它們不但可以用於輪廓畫，更適合於塗滿整個畫面上的塊面表現，油蠟筆和粉蠟筆又有混合顏色的特點，以及可以使用刮的技巧，這是色鉛筆所沒有辦法得到的表現特性。使用這些材料時，良好的、有紋路的或是平滑的紙張都可以被採用，較粗糙的紙則較適合於色粉筆。

3. 廣告顏料畫

　　一般在幼兒時期，應該提供他們用廣告顏料描繪的機會，因為這種材料在技法上有很廣泛的表現範圍——硬毛畫筆畫的畫、輪廓畫、把顏料淡彩化的水彩畫、不透明的顏料畫、不透明與透明技法混合的畫等都是。用廣告顏料畫畫時，以吸水性好的紙張較合適，其規格應不小於八開。

4. 彩色筆畫

　　彩色筆是適合於畫線條的描繪材料，但是如果把線條塗密，也會呈現出色塊來，因為彩色筆不但色澤明亮，又能

混色，所以用途較廣，但它的缺點是不能分出濃淡的趣味
性來。

　　彩色筆在使用時不只能很迅速地畫出豔麗色彩效果，
油性的彩色筆更可以在畫紙類之外的材料上，如塑膠、玻
璃、木板、布塊等，所以很受歡迎。

二、平面設計

㈠幼兒「剪貼畫」活動指導要點

1. 從撕紙開始

撕紙就和拿著筆亂塗亂畫一樣，將會展現出更多的造形遊
戲，是幼兒與生俱來的創造本能。所以在幼兒四歲前後，
父母和老師應該給他們有更多「撕紙活動」的機會。

2. 學習拿好剪刀練習剪紙

先是練習用手撕紙，之後就進展到讓幼兒學習用剪刀剪紙
的能力。剪刀是幼兒參與紙的造形活動中最早遇到的工具
之一。在讓幼兒開始用剪刀時，先要讓他充分了解這一種
工具的特性及安全性。譬如，為了避免發生危險，在使用
剪刀之後一定要把刃部合攏。在拿剪刀給別人時，除了要
把刃部合攏之外，自己手握刃部，把刀柄部分朝向對方等
等。

☺在使用剪刀時，老師指導幼兒的幾個步驟 ─────
　　⇨三、四歲（小班）是開始訓練使用剪刀的時候，一開
　　　始不要讓幼兒自己摸索嘗試錯誤。請老師指導他們正

確的剪刀使用方法，先
讓幼兒拿一張大約長三
十公分長，像明信片厚
度的紙條，用左手拿
紙，右手握剪刀剪起，
剪的時候不要用刀尖，

要用刃中心的部分剪。（假如是左撇子則左右手相
反）剪長條紙時刀口展開大，由刀的中心剪起直到刀
尖，不要停下，繼續一開一合的連續動作一直到紙
邊，把紙剪開為止。

➪四、五歲（中班）時可以訓練孩子剪鋸齒線、剪拋物
　線和剪圓線。這三種形的剪法是不移動剪刀，而用左
　手移動紙張。

➪五、六歲（大班）的幼兒可以學習複雜的圖形，在剪
　之前先由老師替孩子把形畫好，然後再讓孩子照著圖
　去剪。

3.先把圖形排好再黏貼

　幼兒學會了剪圖形之後，接著要引導他們把剪好的圖形先
排排看如何比較好，把組合確定之後再用漿糊黏貼在另外
一張底紙上，這時候就可利用漿糊、膠水來學習黏貼。

　　在引導黏貼時明白告訴孩子，大拇指和食指保持乾
淨，是用來拿紙張的，中指是用來沾漿糊、塗漿糊的，不
能亂用，否則漿糊會沾得到處黏糊糊的，做起剪貼就不稱

心。在剪貼做完之後要讓孩子養成好習慣，就是用濕布或衛生紙把中指上的漿糊擦乾淨，然後把漿糊瓶蓋好。

4.剪貼畫的實際製作程序

讓孩子做剪貼時，除了多準備材料以提高創作興趣之外，要在快樂的氣氛之下才會做得更好、更有內容。下面舉出創作的過程：

➪準備材料：剪刀、漿糊、底紙、色紙、棉花、毛線、樹葉及其他可貼材料。

➪想一想要貼什麼主題，決定之後用鉛筆輕輕地在底紙上打好稿。

➪用手撕或以剪刀剪好圖形。

➪把剪好或撕好的形狀先排排看，決定組合，然後再用漿糊貼好。

➪作品完成。

我們知道材料要多樣化才可能豐富畫面，因此各種貼畫材料的事先蒐集是很重要的。老師不妨準備個大紙箱，讓小朋友共同來蒐集，以便用的時候得心應手。

(二)幼兒「版畫」活動種類、工具材料及指導要點

1.版畫的種類

什麼是版畫？版畫是利用「版」來製作的繪畫。透過製版的方式將「版」沾滾油墨或顏料，透過「壓印」、「滾印」或「擦印」等方式刷印出的畫。兒童版畫可分為正規版畫與遊戲版畫，正規版畫必須同一個版，所印出的畫一樣，可以印出二張以上。遊戲版畫是以各種實物版畫，透

過遊戲中的壓、擦、蓋、滾、扭、刷、噴……等活動方式所印出的，它只能印出一張，有的印了好幾次才完成一張，這類版畫因為是直接使用實物或自然刷印，又稱實物版畫。

2. 版畫的材料和工具

材料　版畫的製作過程必須經過構思描繪、製版、印刷等過程，因此它的材料，大致可分為(1)版材：依各種版畫不同，版材有所不同。(2)顏料或油畫：顏料有墨汁、廣告顏料、水彩、彩糊，為正規版畫常用的。蠟筆、色鉛筆也是遊戲版畫的材料；各色油墨一般有油性和中性兩種，幼兒以選用易洗的中性油墨較為理想。(3)刷紙：即印刷紙。要以能吸收水力和油墨者為佳，如色棉紙、舊報紙、書面紙等。

工具　版畫的製版工具相當多，幼兒版畫工具宜簡單，剪刀、小刀（美工刀）、雕刻刀、毛刷、滾筒、擦板、調墨板、平底盤可用長形大餅乾盒蓋代用，蓋子可裝其他工具，製作實物版畫的工具則可隨需要增加，如小湯匙、棉團棒、紗布、抹布、舊報紙。

3. 幼兒版畫指導要點

幼兒版畫的表現與幼兒繪畫心理的發展是一致的，指導幼兒版畫的製作也應考慮幼兒的興趣，以遊戲為出發，注重兒童學習的快樂心情，不可太過重視作品的好壞。

(1)課前的準備活動

　①幼兒版畫教學的課程設計上，應優先安排以遊戲為主

的實物版畫,讓幼兒在遊戲進行中了解版畫是藉「版」印成的,不是用畫筆直接畫成的。讓幼兒認識版與版畫的關係後,再進行簡易的正規版畫如:無底版紙版畫、石膏、珍珠版畫等課程。

②材料、工具的收集與準備上,教師要在任課前將工具、材料準備妥當,進行實物版畫教學時,需要幼兒自行收集的材料要具體的說明清楚,並提前告知。收集的材料要考慮安全性及幼兒容易收集到的。收集到的實物要分類整理。

③教學環境要加以設計、布置,並能配合教學單元。

(2)輔導活動

①教學活動要在遊戲化的教學活動中進行,尊重幼兒的表現,不必太過分要求成果。輔導幼兒的獨立學習。讓幼兒有充分表現的機會。

②正確的示範與技法的指導,示範的目的是要讓幼兒了解認識製作的程序和操作的方法,來表現自己的思想和情感,不可要求幼兒只模仿教師準備的範品,幼兒要表現什麼、如何表現,應該留給幼兒自己決定,教師只能給予提示、指導即可。

③養成良好的習慣和態度是幼兒版畫教學很重要的目的,活動進行中教師必須注意,尤其工作中的安全問題也要留意。

(3)課後整理活動

要輔導幼兒確實收拾乾淨自己的工具,使用剩餘的材

料要加以分類整理。

三、幼兒「雕塑」活動工具材料的選擇和指導要點

(一)雕塑

雕塑含有「雕刻」和「塑造」兩種含意。雕刻是一種「減去材料」的方法，也就是將木、石等固體材料，使用刀、鑿、雕、列等方法將不要的部分削除，而達成要表現的造形。

塑造則是一種「添加材料」的方法，利用具有展延性的黏土或其他可塑性材料，用手或工具由中心向外逐漸加添而完成的作品，前者是由外向內的表現，後者是由內向外的表現。

雕塑是一種立體造形，一般分為圓雕和浮雕，圓雕可從各種角度來欣賞，浮雕適宜從正面欣賞。

(二)雕塑材料之分類與選擇素材之條件

雕塑材料之分類：

1. 雕材：木石、保麗龍、竹，幼兒亦可使用肥皂、蘿蔔。
2. 塑材：人造土——水性材料，如各種紙漿黏土。油性材料如家用油土及彩色油土。

　　　　自然土——黏土、陶土、瓷土、沙。
3. 構成材料：紙箱（筒）、木塊、舊容器、木箱（筒）、塑膠管（筒）……等。

(三)雕塑材料的選擇條件

1. 無毒及無傷害身體之材料。
2. 能直接任意雕刻、組合表達創意的材料。

3.無塑性材料之應用，如樹枝、樹葉、石頭、空瓶、罐……
　　等。

4.野外、大地、自然環境資源，如草地、沙灘、河邊、山
　　坡、校園……等之利用。

㈣適合幼兒的雕塑活動

1.立體造形——積木、紙箱（盒）是幼兒喜愛的立體造形材
　　料，積木以木材或塑膠為材料，紙箱（蓋）亦是不花錢的
　　積木。

2.塑造活動——玩沙和泥工，適合幼兒從事立體造形表現，
　　也最能滿足幼兒抓、拿、觸、摸等好奇探索的天性。

㈤幼兒雕塑（立體造形）指導要點

1.課前須有充分的準備活動

　(1)幼兒的耐力有限，要幼兒能專心創作、發表，一個良好
　　　的學習環境是有必要的。工具材料的準備應妥善，塑材
　　　的準備，如泥土的軟硬度是否適合不同年齡幼兒的需
　　　要。工具的數量是否夠用。課前準備場所的安排直接影
　　　響到教室的秩序和教學效果。

　(2)泥塑時最好分組圍坐，桌面舖上舊報紙或塑膠布，以白
　　　帆布最為理想，另準備濕抹布（濕報紙）、油土、衛生
　　　紙。

　(3)上課前先提醒幼兒要注意整潔的維護，用剩的材料必須
　　　隨時放回原位，放在桌面。並討論各種工具的使用方
　　　法，養成良好的工作習慣。

　(4)材料準備要充足，如泥土的使用量儘可能有變化，量大

時可刺激幼兒的操作能力，有大膽表現的機會。

(5)準備清洗水器。

2.有效的輔導活動

(1)活動進行中，教師應依幼兒之年齡給予適當之引導，以興趣為主，不要急於要幼兒塑造出具體的作品，尤其小班幼兒宜多玩，從遊戲入手，以基礎遊戲如挖一挖、打一打、壓印、抓捏等基本技法的體驗，能夠體驗材質即可。較大的幼兒就可雕塑比較具體的作品，並以雕塑遊戲和感覺以嘗試不同的形態與意象。

(2)較大的幼兒可引導站正的穩定性、動感和形體與大小，但還是以「遊戲」做出發點順序引導。活動進行中教師盡量尊重幼兒的表現方法。

3.課後確實整理

(1)活動結束前，教師要隨時提醒幼兒對工具、材料的使用，用畢隨時放回原來地方。活動結束，指導幼兒將作品放到指定地方，排列整齊並收拾用剩材料。如：必須檢查是否有異物夾雜在泥土裡面。如有其他材料，則應要求分類整理。其次清理工具，如須清洗，要先在水桶內清洗泥土，避免泥土塞住水管，最後再整理場地。

(2)完成的作品可以展示觀摩。要保留作品除了等完全陰乾後入窯素燒，也可以將白膠用水稀釋成漿加以浸泡，達到保護的效果。不保留的作品可以將雜物去除放入桶中還原。桶內先放大塑膠袋，灑些水後將塑膠袋封好，下次就可使用。

四、幼兒「工藝」活動種類、工具材料和指導要點

　　幼兒實施工藝教學的目的是要滿足好動與創作外，更重要的是要幼兒能體會並利用這些材料和工具，來解決生活上的需要。

　　幼兒工藝教學大致有：紙工、木工、縫工和廢物工（綜合工），將其教育功能分述如下：

(一)紙工：紙是現代生活中的必需品之一，它的種類很多，用途很廣，它可以製成各種不同成品，如紙袋、紙盒、紙箱、印刷圖書、報紙，是美勞製作不可缺少的材料。紙張的厚薄不同，不同的質料，處理的方法也不一樣，通常幼兒都可利用撕紙、剪紙、摺紙、捲紙、貼紙、切紙……等方法。

(二)木工：幼兒從小就很喜歡敲敲打打，以滿足心理的需求，有時還可幫助幼兒發洩緊張的情緒。訓練手眼協調，增進大小肌肉的機能發展和操作能力。

(三)縫工：幼兒縫工主要功能在促進手眼協調，幫助小肌肉的發展，滿足裝飾發表的慾望。使其體認縫紉在日常生活中的應用。

(四)廢物工：又稱為綜合工，日常生活中的各種器物：如紙盒（箱）、空瓶（罐）、包裝紙（袋）、月曆紙、木塊（片）、樹枝等自然物加以收集，製作造形，是一種綜合性的工藝。藉由這些活動讓幼兒發現環境中可以利用的材

料。認識不同材料的特性，透過材料的特性組合操作，刺激幼兒的想像與創造能力。體驗人與人和環境之間的關係。藉由製作過程達到培養幼兒群性的發展。

（一）紙工教學指導要點

1.應考慮其難易程度，適當的安排課程內容，注意幼兒的興趣，避免因太深或太淺而造成學習困難或不感興趣。

2.依年齡大小做適當的技法示範之後，應鼓勵幼兒想像、發揮創造能力。並能引導幼兒有自我發表的機會與探索的精神。

3.作品不必太注意成果的精美與否，應以能滿足幼兒的創造發表的慾望為主，而讓幼兒有成功的滿足感，多給予鼓勵，刺激再學習的慾望。

4.紙工材料具多樣性，各種材料使用完畢必須指導幼兒分類整理，再行利用。養成幼兒節約使用材料的習慣。

5.安排適當的活動，讓幼兒在活動中親身體會各式紙類的質感和應用。利用紙的特性進行教學。

6.作品完成後的展示活動可多樣性，除放置平台上外，還可以懸吊空中的方式處理。

（二）木工教學指導要點

　　木工教學以循序漸進方式來引導，配合幼兒動作與認知的發展。

1.首先設計可讓幼兒練習手眼協調的敲球檯活動（二

歲左右）。

2. 小班幼兒可在泥土地上以木槌敲打竹筷入土中後再拔起，如此重複練習以增加手眼協調及使用工具的能力。

3. 中班幼兒可練習利用小鐵鎚將釘子釘在軟木板或薄木板上組合成簡單造型。

4. 大班幼兒則可利用實際鐵鎚、釘子、鋸子……等簡單木工工具，將木板鋸、釘成有趣的造形，如飛機、劍……等。

5. 教師須布置一個不干擾他人的安全環境，讓孩子能專心工作。

(三)縫工教學指導要點

縫工教學的範圍在幼兒階段，先從串穿珠子項鍊、洞洞板開始，讓孩子了解上下、前後之概念，並增進手眼協調的能力。而後在紙上做打洞、穿線的造形遊戲，隨孩子手眼協調能力、使用工具的能力、認知能力的發展，可讓孩子縫鈕扣、刺繡，完成的作品可讓幼兒使用為佳，如小皮包、為娃娃縫衣服。做縫工時，幼兒需要較長的注意力和耐力，此活動適合小組、個別活動來實施。同時，教師須安排適當學習環境，不造成擁擠以免刺傷他人。

(四)廢物工教學指導要點

1. 廢物工教學的實施，在課前準備時要注意可利用之廢棄物的收集與分類，在收集上平常就要有計畫的去收集，鼓勵幼兒養成收集的習慣。

2. 收集到的材料要即刻清洗加以分類整理，不要堆積在一起。因此，必須有材料分類室（架）的場所，且其設計可

讓幼兒能自由選用。

3. 善用附近之紙盒、紙張相關工廠、商店或由家長來收集，也是收集的方法，利用郊遊來收集樹枝、貝殼……等天然素材。

4. 活動進行中，教師必須了解各種材料之特性及製作的可能性，才能有效輔導及培養幼兒利用材料的能力。

5. 教師在引導幼兒學習過程中儘可能讓兒童開發自己的想像與創作，不要過分干涉。

6. 不要太注意成果，需重視其學習過程，以免影響幼兒的自信心。

7. 活動結束，輔導幼兒將用剩材料分類放回下次再用。工具也應加以收拾。

五、幼兒美術欣賞活動指導要點

二十一世紀將是「視覺文化」的時代，如何指導欣賞活動，以豐富的觀察力與對圖畫的敏銳思考反應，將是決定一個人能否享受高品質視覺文化與美感的重要條件。視覺美感能力的培養在美術教育中被列為極重要的一環。

幼兒教師應善用幼兒好奇又率直的觀察力，尊重其人格的自主性，及早啟發訓練幼兒敏銳的感性與審美能力。

(一)指導幼兒欣賞美術活動的目標

依幼兒審美發展心理的特質來言，此階段的幼兒審美、生活實踐領域皆是以環繞在幼兒對自我及生活周遭事物的認知與反應，幼教老師在指導欣賞活動時，可參考下面所列目標，作

為活動內容擇取及實踐評量依據。

1. 能說出我家附近具有特色的建築物及自然景觀。

2. 能關心自己的穿著與活動空間的整潔。

3. 能辨認並說出不同的線條（如直線、曲線）與不同形狀的名稱及感覺。

4. 對美化環境感到興趣及關心。

5. 能選用自己喜歡的服飾、玩具及生活用品。

6. 能列舉自己喜歡的卡片、圖畫書、卡通與影片。

7. 看到身邊美麗的東西會高興，並會珍惜。

(二)引導幼兒欣賞美術活動的原則

1. 不要以成人的眼光來對幼兒說「美」，成人眼中所謂的「美」，事實上涵蓋了許多既有的認知和價值判斷，與幼兒對「美」主觀直接的感受有很大的差距。讓幼兒與生俱有的天真無邪的心靈，能單純的、自由自在的去感受美的事物。

2. 好奇是幼兒的天性，新鮮富變化更能引起幼兒欣賞美的動機與興趣。因此，多方面提供給幼兒不同的環境與事物，刺激幼兒自發性的動機，體驗不同情境的美感，發現多彩多姿美的世界。

3. 少用言語的說明，鼓勵幼兒透過感官及經驗去體會美的存在。幼兒不但感官敏銳，情緒的反應也最愛以肢體語言表達，因此可鼓勵幼兒用具體的感官去傾聽、觀察、嗅聞、玩弄、觸摸美的事物，從中培養直觀的能力。

4. 幼兒的欣賞活動是與創作相互關聯、一體兩面的，由於幼

兒通常無法持續長時間的欣賞，因此欣賞可以與創作同時指導。教師可透過各種幼兒喜愛的造形遊戲創作活動讓他發現有趣的材料，及對形體的變化和配色美感產生審美興趣。

5. 美術課的作品欣賞

教師可透過欣賞活動去指導幼兒，關心自己或他人的作品表現。指導幼兒對於作品的欣賞，可採取自己作品分享或與他人作品共享，運用談話、比較的方式進行。例如先讓孩子一邊觀賞自己的圖畫，一邊跟他們談關於畫這張畫的動機：

‧到底畫了些什麼內容？

‧具體舉出孩子畫中的優點，讓他覺得自己的作品還不錯。

‧讓孩子看看有哪些地方畫得不太好。

‧如果下次要畫時，會想要怎麼畫？

教師在可能的範圍之內，儘量傾聽孩子的談話，讓孩子發表他心中的感受，並自己發現、比較作品應改進的部分。至於在觀賞其他小朋友的作品時，則可以採以下討論方式：

‧喜歡哪一幅？

‧為什麼喜歡它？

‧這幅畫，你最喜歡什麼地方？或不喜歡哪個地方？

‧如果自己想要畫它，會怎麼樣去畫？

像這樣的交談方式，可讓幼兒仔細的從別人所畫的作品中，發現和確定自己的想法，同時也能訓練幼兒勇於發表

自己的意見與聽取別人意見的態度。教師在幼兒欣賞活動的同時，也可就作品主題內容、創意表現、材料技法、創作態度等方面做適度的評量。

6. 幼兒所畫的作品，引導幼兒正確的保存，也可鼓勵幼兒把作品張貼在學校或家中明顯的地方，給同學或家人欣賞，增加幼兒的自信心。或者準備一本個人的蒐集剪貼簿，指導幼兒放妥，並幫助幼兒註明繪畫日期及主題、動機等有關文字記錄，便於日後追憶或比較研究。隔一些時候可拿出來與幼兒一起欣賞，一方面發現自己的作品可有進步，另一方面也養成愛惜作品的習慣。

肆、美勞活動教學示例（見下頁）

活動名稱　撕撕貼貼真有趣

☺活動目的：

　　1. 增進撕、貼的技巧。

　　2. 滿足、體驗撕貼的樂趣。

　　3. 學習利用各種紙片的撕法與抽象配列、重疊之黏貼。

　　4. 培養創造和想像能力。

☺教學資源：

　8~4K（方形）色底紙、各類紙（白報紙、包裝紙、報紙、色紙、色棉紙、月曆紙、糖果紙等）、黏劑（漿糊或膠水筆）、墊紙、濕抹布（拭手中黏劑用）。

☺活動過程：

　　1. 拿起以撕貼方法做出的作品，請幼兒觀賞並一起探討此作品是如何完成的（做法、材料）。

　　2. 拿出紙分給幼兒，讓幼兒試著撕撕看，如幼兒已具有撕的技巧，則教師引導幼兒利用各種紙撕出自己喜歡的造形。

　　3. 如幼兒尚未具有撕的技巧。則做撕紙示範：拿紙，一手拇指、食指開合，以輕鬆好玩的生活事例或其他有趣的方式做比喻。有條理、富韻律地撕白報紙或其他紙（舊雜誌紙）等的四周邊緣，使成大小不同的自由形紙片。

　　4. 讓孩子自由練習撕紙，以熟練撕的技巧。

　　5. 當幼兒學會撕的技巧後，再示範撕（其他紙）成大小

紙片的可能方法，並使各紙片放置桌上，不亂丟到地上。

6. 提示幼兒這些撕好的不同紙片像什麼？可貼成哪些造形？請幼兒發表後，發給每位幼兒一張四開色底紙，請幼兒依自己的構思自由撕貼。

7. 當幼兒作品完成後，大家一起做分享。請幼兒說出自己作品的名稱、意義；也請其他幼兒發表對此作品的感想，如喜歡這幅畫的哪個地方，還可以怎麼做？

☺注意事項：

1. 教師安排工作場地時，不可讓幼兒太擁擠，以免幼兒手常互碰而影響活動的進行。

2. 須提供豐富的材料，但要引導幼兒能惜物，工作完後做好收拾工作。

3. 尊重每位幼兒作品，可徵詢幼兒意見，而將作品展示。

4. 做示範動作時，要慢且正確，可以口頭簡要說明，讓孩子看清楚聽明白，同時增加幼兒語言的能力。

自我評量

1. 略述幼兒美術課程教學內容之涵蓋範圍。

2. 何謂「創造性」幼兒美術教學？

3. 試述引導幼兒進行欣賞藝術之教學原則。

4. 略述幼兒美術課程教學原則。

5. 試找出可讓幼兒學習（線畫、彩畫、粉蠟筆畫）等繪畫方法之教學活動資料各一項。

6. 敘述教師引導幼兒使用剪刀的方法。

7. 試找出與幼兒工藝活動有關的教學活動資料（紙工、縫工、木工、廢物工）各一項。

8. 試找出一項與幼兒雕塑活動有關的教學活動資料。

本篇彙整

1. 依「幼稚園課程標準」，將課程分為健康、語文、工作（美勞）、音樂，及常識五大領域。

2. 編訂幼兒教育的課程時，需具備下列特點：(1)適應個體的需要和能力。(2)以直接經驗和實際生活為基礎。(3)融合各學習領域。

3. 教材組織的方法，通常有論理的組織和心理的組織兩種。

4. 課程內容組織的原則：(1)繼續性。(2)程序性。(3)統整性。

5. 身體發展活動分為三大方向來探討：健康的身體、健康的心理、健康的生活。

6. 幼兒須養成的生活習慣包括：飲食、睡眠、排泄、穿衣、收拾、清潔、社會生活等七項。

7. 日常生活教育內容：基本動作、照顧個人、維護環境、生活禮儀、自我控制。

8. 嬰幼兒體能遊戲活動內容有：基本動作、平衡、身體意識、空間知覺、模仿各種動物、體操、球類遊戲、輪胎遊戲、墊上運動、跳箱遊戲、繩子遊戲、氣球傘遊戲等。

9. 幼兒語文課程教學內容：故事、歌謠、說話、閱讀。

10. 語文活動課程大致分為「傾聽」、「說話」、「閱讀」三個範圍。

11. 常識課程教學活動內容包括：社會、自然、數（數、量、

形）三項。

12. 社會領域學習內容：認識自己、學習日常生活中的基本習慣、認識自己的家人、認識自己的園所、認識社區及各行各業、認識欣賞各地的名勝古蹟、認識我國重要的節日及風俗民情、認識台灣及鄰近的國家、各種交通工具、交通標誌及規則。

13. 幼兒自然科學內容分為四大項主題——動物、植物、生存（地球）環境，與自然力量。

14. 幼兒自然科學教育之六項具體實施方法與策略：(1)提供直接經驗。(2)善用隨機教學。(3)豐富學習環境。(4)培養程序能力。(5)引導幼兒探索。(6)設計統整活動。

15. 幼兒的科學程序能力：觀察、推論、預測／實驗、溝通等四大類能力。

16. 自然科學活動適合幼兒溝通表現的方式有口頭、肢體律動、文字（塗鴉）、圖畫、圖表、美勞創作等。

17. 在幼兒從事科學探索時，教師可提出問題引發幼兒思考，問題可分為兩種型態：擴散性問題與聚斂性問題。

18. 幼兒在學習「數」前，可進行的活動如下：觀察和描述東西、比較、配對、分類、序列、型式排列、相等化、合與分、部分與整體、唱數。

19. 幼兒音樂活動包括：唱遊、韻律、欣賞與節奏樂器四大項。

20. 幼兒學習歌曲在教學上宜從唸唱歌詞、拍打節奏開始，再逐漸進入曲調的習唱。

21.幼兒的律動,每一種動作因為空間、時間和力量的變化產生不同的特質。

22.幼兒音樂欣賞的內容:(1)聆聽各種聲音,包括「自然界」和「人為的」各種聲音。(2)辨別聲音的大小、高低、強弱、長短、快慢。(3)欣賞各種樂器的聲音及樂曲。(4)欣賞各種音樂。(5)欣賞歌劇、歌仔戲、京戲等音樂。

23.幼兒美術課程除包括:繪畫、設計、雕塑、工藝四大教學領域之外,還應充分結合欣賞教學活動。

24.幼兒美術教學策略,大體可歸納成十大步驟:(1)引起興趣。(2)遊戲試探。(3)心理解凍。(4)信心建立。(5)充實知能。(6)反覆學習。(7)成果發表。(8)分享肯定。(9)追求突破。(10)獨立思考創作。

參考書目

張翠娥（民78）《幼稚園教材教法》。台北：大洋。

查理斯・史密斯原著，呂翠夏譯（民國78）《兒童的社會發展》。台北：桂冠。

黃惠美等譯（民84）《幼兒健康・安全與營養》。台北：心理。

水谷英三原著，林春生、賴和海、邱金松、林曼惠合譯（民70）《幼兒體力理論與實際》。台北：幼獅。

陳淑琦（民84）《幼兒教育課程設計》。台北：心理。

楊聯琦譯（民83）《幼兒運動教學》。台北：信誼。

張千惠（民87）《幼兒教保活動設計（上、下）》。台北：啟英。

盧素碧（民81）《嬰幼兒保育》。台北：文景。

江口裕子（代表）（民84）《0-3歲幼兒的發展與保育》。台北：新民幼教。

黃慧真譯（民75）《學前教育》。台北：桂冠。

楊婷舒（民85）《專業的嬰幼兒照顧者》。台北：心理。

周淑惠（民86）《幼兒數學新論──教材教法》。台北：心理。

周淑惠（民86）《幼兒自然科學經驗──教材教法》。台北：心理。

張渝役（民87）《幼兒音樂教材教法》。台北：五南。

胡寶林、周結文（民80）《音樂韻律與身心平衡》。台北：遠流。

蘇振明、鄒品梅、鄭明進、方朱憲、陳明華（民87）《藝術教育教師手冊——幼兒美術篇》。台北：國立臺灣藝術教育館。

楊艾琳、林公欽、陳惠齡、劉淑英、林小玉（民87）《藝術教育教師手冊——幼兒音樂篇》。台北：國立臺灣藝術教育館。

陳滄堯譯（民87）《幼兒課程——從發展模式到實際應用》。台北：五南。

第六篇

幼兒教保行政

第 1 章　教保機構
🗁 托兒所
🗁 幼稚園
🗁 其他兒童教養保護機構

第 2 章　幼兒教保專業人員
🗁 組織、資格與任用辦法
🗁 職責
🗁 基本素養
🗁 培訓

第 3 章　教保機構與家庭
🗁 教保機構與家庭的關係
🗁 親職教育的意義與目的
🗁 推展親職教育的原則
🗁 親職教育的實施

前言

　　良好的行政運作是幼兒教保機構能長期發展的動力，也是機構推展各項教學與輔導措施的基礎所在。幼兒教保行政的意義乃是幼兒教保機構依據教育和保育原則，配合相關法令，運用有效和科學的方法，對機構內的人、事、財物等業務，做最妥善而適當的處理，以增進幼兒健全發展，達成幼兒教育的目標。我國的幼兒教保機構主要是幼稚園和托兒所，兩者雖然在法令上所訂定的功能不盡相同，但在實質意義上都是在為幼兒提供保育與教育的內容。兩者在主管機關、招收對象的年齡、教師與工作人員編制等方面的規定雖然有所不同，但其宗旨則大致相同，都是幼兒的受教機構，對專業工作人員的形象期求與對幼兒家庭的責任則是完全一致的。

　　幼兒教育工作者一定需要具備良好又正確的行政觀念與方法，也要熟悉與幼兒教育相關的重要法規。與教保機構相關的主要法規至少包括以下各項：

(一)幼稚教育法

(二)幼稚教育法施行細則

(三)幼稚園園長、教師登記檢定及遴用辦法

(四)兒童福利法

(五)兒童福利法施行細則

㈥兒童福利專業人員資格要點
㈦托兒所設置辦法
㈧托兒所設施規範
㈨師資培育法
㈩高級中學以下學校及幼稚園教師資格檢定及教育實習辦法
(十一)台灣省托兒所設置標準與設立辦法

必須注意的是，近年來幼兒教育法規的變動頗多，再加上民國 88 年 1 月 25 日總統頒行「地方制度法」後，學前教育已明定屬地方自治事項，而許多縣市仍未公布自訂的相關法規，在此過渡時期或沿用舊法，或以舊法之精神研擬暫行條例運作。若各縣市另有規定，則須參閱各縣市另訂之設置標準與設立辦法之規定。

教保機構 1

第一節　托兒所

依據「托兒所設施規範」（民國七十年內政部修正公佈）第一章規定，托兒所設施宗旨、目標及種類如下：

壹、宗旨

托兒所以促進幼兒之身心健康與平衡發展，並配合家庭需要，協助婦女工作，以增進兒童福祉為宗旨。

貳、目標

　　為滿足嬰幼兒身心需要，充實嬰幼兒生活經驗，其教保目標如下：

一、增進兒童身心健康。

二、培養兒童優良之習慣。

三、啟發兒童基本生活知能。

四、增進兒童之快樂和幸福。

參、種類

　　依托兒業務、收托方式及設立單位之不同，托兒所可分為以下各類：

一、以托兒業務區分

㈠托嬰業務：指收托一個月以上未滿二歲嬰幼兒之業務。

㈡托兒業務：指收托二歲至未滿六歲幼兒之業務。

二、以收托方式區分

㈠半日托：每日收托時間三至六小時者。

㈡日托：每日收托時間為七小時以上未滿十二小時者。

㈢全托：每日收托時間為廿四小時以上者。收托四歲以上六歲
　　以下兒童者，除家長因特殊情形無法照顧外，不得全托。

※臨時托：家長因臨時事故送托者，每次不得超過十二小時。

三、以設立單位區分

㈠公立：由縣市政府及鄉鎮市公所設立者。

㈡私立：由私人或團體設立者。

第二節　幼稚園

依據「幼稚教育法」（民國七十年總統令發佈）規定幼稚教育的宗旨、定義與目標如下：

壹、宗旨

幼稚教育以促進兒童身心健全發展為宗旨。

貳、定義

幼稚教育係指四歲至入國民小學前之兒童在幼稚園所受的教育。

參、目標

幼稚教育之實施，應以健康教育、生活教育及倫理教育為主，並與家庭教育密切配合，以達成下列目標：

一、維護兒童身心健康。

二、養成兒童良好習慣。

三、充實兒童生活經驗。

四、增進兒童倫理觀念。

五、培養兒童合群習性。

第三節　其他兒童教養保護機構

依據「兒童福利法」所訂定之兒童福利機構除托兒所之外，另有兒童樂園、兒童福利服務中心、兒童康樂中心、兒童心理及其家庭諮詢中心、兒童醫院、兒童圖書館及其他兒童福利機構。而兒童教養保護機構則有育幼院、兒童緊急庇護所、智能障礙兒童教養院、傷殘兒童重建院、發展遲緩兒童早期療育中心、兒童心理衛生中心及其他兒童教養處所。

其中，一般兒童育幼院專門收容十五歲以下身心健全的失依兒童，其收容對象為：父母雙亡者；父母一方死亡或離婚、失蹤、長期離家；負教養責任之一方因患精神病、長期性嚴重

疾病、殘障失去工作能力；或經判決在刑事執行機構執行中者；流浪無依或被遺棄者。

此外，為了協助職業婦女安心就業，使兒童在放學後能獲得妥善照顧，台北市社會局特訂定「台北市兒童托育中心設置標準」，高雄市也頒佈「兒童課後托育中心設置標準」，台灣省則有「台灣省校外課後安親班輔導管理要點」。一般而言，兒童托育中心以收托十二歲以下需要托育之國民小學兒童為範圍，收托時間每日以六小時為限。

⊙ 幼稚園是國內大多數幼兒第一個接觸的教育機構

2

幼兒教保專業人員

第一節　組織、資格與任用辦法

壹、托兒所

依據「台灣省托兒所設置標準與設立辦法」（民國八十七年公布）規定，托兒所的組織如下：

一、托兒所得依個別情況決定是否設置董事會。

二、行政組織及人員編制：

㈠置所長（主任）一人，呈請主管縣市政府核准後聘任。

㈡依收托對象配置專業人員，標準如下：

　　1.托嬰業務：每五人置護理人員或保育人員或助理保育人員或保母一人，未滿五人以五人計。

　　2.托兒業務：每十五人至三十人置保育人員或助理保育人員一人，未滿十五人以十五人計。

　　3.置護理人員至少一人。

　　4.置總務、教保、衛生等組。

　　托兒所工作人員包括：兒童福利專業人員（所長、保育員、助理保育員、保母人員及社工人員）、護理人員、幼童專用車駕駛員、廚師、事務工作人員、清潔人員等。依據兒童福利專業人員資格要點（民國八十四年七月）及托兒所設施規範之規定，以上人員除了均須為身心健康、無不良嗜好者，仍必須符合以下各項資格規定：

一、托兒機構之所長、主任應具下列資格之一：

　　㈠大學以上兒童福利學系、所（組）或相關學系、所（組）畢業，具有二年以上托兒機構教保經驗，並經主管機關主（委）辦之主管專業訓練及格者。

　　㈡大學以上畢業，取得本要點所定兒童福利保育人員資格，具有三年以上托兒機構教保經驗，並經主管機關主（委）辦之主管專業訓練及格者。

　　㈢專科學校畢業，取得本要點所定兒童福利保育人員資格，具有四年以上托兒機構教保經驗，並經主管機關主（委）辦之主管專業訓練及格者。

㈣高中（職）學校畢業，取得本要點所定兒童福利保育人員資格，具有五年以上托兒機構教保經驗，並經主管機關主（委）辦之主管專業訓練及格者。

㈤高等考試、乙等特種考試或薦任職升等考試社會行政職系考試及格，具有二年以上托兒機構教保經驗，並經主管機關主（委）辦之主管專業訓練及格者。

二、兒童福利保育人員應具下列資格之一：

㈠專科以上學校兒童福利科系或相關科系畢業者。

㈡專科以上學校畢業，並經主管機關主（委）辦之兒童福利保育人員專業訓練及格者。

㈢高中（職）學校幼兒保育、家政、護理等相關科系畢業，並經主管機關主（委）辦之兒童福利保育人員專業訓練及格者。

㈣普通考試、丙等特種考試或委任職升等考試社會行政職系考試及格，並經主管機關主（委）辦之兒童福利保育人員專業訓練及格者。

三、助理保育人員應具下列資格之一：

㈠高中（職）學校幼兒保育、家政、護理等相關科系畢業，但未經主管機關主（委）辦之兒童福利保育人員專業訓練及格者。

㈡高中（職）學校畢業，並經主管機關主（委）辦之兒童福利保育人員專業訓練及格者。

四、兒童福利社工人員應具下列資格之一：

㈠大學以上社會工作或相關學系、所（組）畢業者。

㊁大學以上畢業，並經主管機關主（委）辦之兒童福利社工人員專業訓練及格者。

㊂專科學校畢業，並經主管機關主（委）辦之兒童福利社工人員專業訓練及格者。

㊃高等考試、乙等特種考試或薦任職升等考試社會行政職系考試及格；普通考試、丙等特種考試或委任職升等考試社會行政職系考試及格，並經主管機關主（委）辦之兒童福利社工人員專業訓練及格者。

五、兒童福利保母人員：應經技術士技能檢定及格取得技術士證。

六、其他工作人員：

㊀護理人員：持有護士考試及格證書者。

㊁幼童專用車駕駛員：持有職業駕照且經過體格檢查者。

㊂廚師：持有合格中餐烹調技術士證照，並通過每年健康檢查合格者。

貳、幼稚園

　　私立幼稚園如不對外募捐經費，且未超過五班者，得不設董事會或辦理財團法人登記。董事名額五人至十一人，並互推一人為董事長。董事會之職權為：

一、董事會組織章程之制定及修訂。

二、董事之選聘及解聘。

三、園長之選聘及解聘。

四、園務發展計畫及報告之審核。

五、基金之保管及運用。

六、經費之籌措。

七、預算決算之審核。

八、財務之監督。

為了提高國內幼稚園的師資，自八十三年二月頒佈「師資培育法」之後，就在幼稚園的教師登記檢定及遴用辦法上有了重大的改革，幼稚園的教師及從事教育行政、學校行政、心理輔導及社會教育等工作人員均須接受規定的職前教育、實習及在職進修，以下分別簡述之。

一、職前教育課程

依據「師資培育法」中規定，具有下列情形之一者，為修畢師資職前教育課程：

㈠師範校院大學部畢業且修畢規定教育學分者。

㈡大學校院教育院、系、所畢業且修畢規定教育學分者。

㈢大學校院畢業修滿教育學程者。（教育學程係指大學校院針對幼稚園之需要而訂定規畫，並經教育部核定之教育專業課程。）

㈣大學校院或經教育部認可之國外大學校院畢業，修滿教育部規定之教育學分者。（師範校院及設有教育院、系、所或教育學程之大學校院，得視實際需要招收大學校院畢業生，修業一年，完成教育部規定之教育學分，成績及格者，由學校發給學分證明書。）

二、實習及進修

依前條規定修畢職前教育課程後,經過直轄市政府教育局及縣(市)政府辦理初檢合格者,由直轄市政府教育局、縣(市)政府核發實習教師證書,取得實習教師資格。取得實習教師證書者,應配合其檢定之教育階段別、科(類)別,依下列規定參加教育實習:

(一)應屆畢(結)業生:由原畢(結)業師資培育機構負責輔導至訂約之教育實習機構,參加教育實習。

(二)非應屆畢(結)業生或國外畢業生:應自覓師資培育機構,由該師資培育機構負責輔導至訂約之教育實習機構,參加教育實習。

實習教師應在同一教育實習機構實習一年;實習期間自當年七月起至翌年六月止。實習教師之教育實習事項如下:

(一)教學實習。

(二)導師(級務)實習。

(三)行政實習。

(四)研習活動。

實習期間以教學實習及導師(級務)實習為主,行政實習及研習活動為輔。

教育實習輔導則以下列方式辦理:

(一)平時輔導:由教育實習機構在該機構給與輔導。

(二)研習活動:由直轄市政府教育局、縣(市)政府、師資培育機構、教育實習機構及教師研習進修機構辦理。

㈢巡迴輔導：由實習教師所屬師資培育機構，前往教育實習機構予以指導。

㈣通訊輔導：由師資培育機構編輯教育實習輔導刊物，定期寄發實習教師參閱。

㈤諮詢輔導：由師資培育機構設置專線電話，提供實習諮詢服務。

實習教師之各項實習成績，由師資培育機構彙總，並將實習成績及格者造具名冊，函報師資培育機構所在地之直轄市政府教育局、縣（市）政府所設的「教師資格檢定委員會」通過教師資格複檢合格後，轉報教育部發給合格教師證書，才取得合格的幼稚園教師資格。

值得注意的是，經登記或檢定合格之教師，未曾擔任教職或脫離教學工作連續達十年以上，且未擔任教育行政工作，若擬重任教職者，應重新申請資格檢定及參加教育實習。

依據「幼稚教育法」規定，幼稚園每班兒童不得超過三十人，得按年齡分班，每班置教師二人。幼稚園置園長一人，綜理園務，得擔任本園教學。幼稚園園長則以由幼稚師資培育機構畢業者擔任為原則，應辦理教師登記，並就具有下列資格之一者優先適用之：

一、師範專科學校幼稚教育師資科畢業，從事幼稚教育工作二年以上成績優良者。

二、各級師範院校各系科或大學教育院系畢業，從事幼稚教育工作三年以上成績優良者。

三、高級中等以上學校畢業，曾在主管教育行政機關指定之學

校修習幼稚教育專業科目二十學分以上成績及格，且從事幼稚教育工作四年以上成績優良者。

幼稚園園長、教師之登記、檢定及遴用辦法，全由教育部訂定。民國八十四年「高級中等以下學校及幼稚園教師資格檢定及教育實習辦法」發布實行後，有關幼稚園教師資格及檢定，完全依照「高級中等以下學校及幼稚園教師資格檢定及教育實習辦法」規定辦理；另有關幼稚園園長之任用資格目前正於教育部相關法令中研議；上開相關法令未完成法制作業程序前，原園長之資格仍依七十二年所頒之「幼稚園園長、教師登記檢定及遴用辦法」辦理。

參、其他兒童教養保護機構

依據「兒童福利專業人員資格要點」之規定，兒童教養機構之所（院）長、主任應具下列資格之一：

一、大學以上兒童福利學系、所（組）或相關學系、所（組）畢業，具有二年以上社會福利（或相關）機構工作經驗，並經主管機關主（委）辦之主管專業訓練及格者。

二、專科以上學校畢業，取得兒童福利保育人員、社工人員或保母人員三項資格之一，具有四年以上社會福利（或相關）機構工作經驗，並經主管機關主（委）辦之主管專業訓練及格者。

三、高中（職）學校畢業，取得兒童福利保育人員、社工人員或保母人員三項資格之一，具有五年以上社會福利（或相

關）機構工作經驗，並經主管機關主（委）辦之主管專業訓練及格者。

四、高等考試、乙等特種考試或薦任職升等考試社會行政職系考試及格，具有二年以上社會福利（或相關）機構工作經驗，並經主管機關主（委）辦之主管專業訓練及格者。

五、合於相關目的事業主管機關所定資格者。

第二節　職責

教保機構內工作人員的聘任除了需符合法令規定之外，由於工作繁雜，所聘用的人員更需適才適性才能使整個機構充分運作。若是人員的聘用或安排不恰當，無法各司其職、分工合作，那整個機構必然無法發揮功能。所以，所有的教保人員都需深切了解自己的工作職掌，以使整個機構完成最好的運作。

一、所長、園長或主任

㈠綜理園所事務，擬定各項人事辦法、工作計畫及行事曆等。

㈡督導教保方針，參與教學計畫。

㈢主持或對外參加各項會議。

㈣編擬、執行預算及決算。

㈤聘任、管理及考評員工。

㈥建立幼稚園、托兒所與家庭、社區之聯繫關係。

㈦配合主管機關推動相關業務。

二、教師、保育員或助理保育員

㈠負責幼兒教保工作,佈置教保環境。

㈡記錄幼兒發展學習狀況。

㈢負責家庭聯繫工作。

㈣處理其他交辦事項。

三、保母人員

㈠負責照顧零至二歲嬰幼兒之日常生活,佈置托育環境。

㈡紀錄嬰幼兒生活狀況。

㈢負責家庭聯繫工作。

㈣處理其他交辦事項。

四、社工人員

㈠負責家庭訪視及推廣親職教育。

㈡協助家庭運用社會資源,提供轉介服務。

㈢協助特殊需求家庭訂定輔導方案。

㈣辦理社會福利相關輔助之申請。

㈤推動幼稚園、托兒所的社區服務計畫。

㈥處理其他交辦事項。

五、護理人員

㈠主持或協助醫務工作。

㈡管理幼兒健康紀錄。

㈢推動健康教育計畫。

㈣協助膳食、營養衛生管理。

㈤處理其他交辦事項。

六、幼童專用車駕駛員

㈠駕駛幼童專用車接送幼兒。

㈡負責幼童專用車的清洗、保養、維修及安全檢查。

㈢處理其他交辦事項。

七、廚師

㈠採購及備置餐點。

㈡貯藏及管理食物。

㈢清洗及消毒餐具。

㈣清洗及整理廚房設備。

八、事務工作人員

㈠辦理全園所事務及採購工作。

㈡負責財產保管及圖書管理事項。

㈢經辦會計出納、文書及人事事項。

㈣處理其他交辦事項。

九、清潔人員

㈠清理室內外環境。

㈡負責簡易之設備修繕工作。

㈢協助處理事務性工作。

➲ 教師及保育員負責最主要的幼兒教保工作

第三節　基本素養

　　幼兒教保工作是一份專業性的工作，並不是每一個人都能夠勝任的。除了要修習過相關的知識與技能之外，良好的品格更是不可或缺的要素。每一種職業都有其所需的特有素質與修養要求，例如法國的母親學校就要求教保人員要具備下列六項條件（許興仁，民72）：

一、尊重兒童的人格。

二、保持精神上年輕。

三、身心必須健康。

四、明瞭兒童的心理及衛生。

五、注重環境的預備，能善用觀察活動法。

六、在平等的道德教育及自由的氣氛中實施體育和智育。

　　依據許興仁先生（許興仁，民 72）的看法，幼兒教保工作者的理想形象以下列六項為目標，值得我們參考與省思：

一、健康的人

　　身心健康是幼教人員的首要條件，幼兒具有強烈活潑的生命力及旺盛的活動力，他們所期待的是身心健康，又具有開朗性格的教師。此外，教師的容貌與儀態對幼兒的影響也非常大，幼兒喜歡乾淨、明朗、儀態優美、氣質高雅的教師。

二、有教養的人

　　幼教工作者除了要有音樂、美工、講故事等實際的工作技能外，還須對有關幼兒生長發展的知識有廣泛的認識，能藉以指導幼兒的生活，並且還要具備指導幼兒完成個性及發展社會性所需的知識和技術。

三、有豐盛人性的人

　　豐富的學問必須加上豐盛的人性才會具有生命，人性除了與生俱來的人情味、親切感、弱點或缺點等等之外，還有須加以培養才能完成的一面，例如：人類愛、慈善的心、謙遜、平實、優雅的教養、幽默感、圓通的交際能力、面對現實的勇

氣、承認自己過失與缺點的度量等等。

四、浪漫性格的人

真正的浪漫性格是指在生活中抱持著真實、健全而強烈的希望，並能在現實中追尋理想，有強烈的意願來實現理想。所以，具浪漫性格的人必具有創造發展積極的一面，而不是陶醉於幻想、空想中。幼兒教育工作與一般成人世界現實、功利的特質不同，幼教工作必須不斷追尋屬於「永恆價值的」、「真實的」、「良善的」、「完美的」、「神聖的」境界，是對幼兒「內在本質」抱著信心和希望的人。

五、深愛幼兒、尊敬幼兒的人

愛是幼教工作的原動力，一位幼教工作者若缺乏愛，必然無法先將自己降低（虛己）來真正觀察幼兒、了解幼兒發展的方向與需求。除了愛，還要敬，「敬」是幼兒教育的出發點，要敬重、尊重幼兒的生命，並認識幼兒內在至高的意義與價值。

六、具有教育工作者的自覺

教育工作不是一種普通職業，幼教工作者更應珍視「教育神聖」的傳統觀念，消除功利主義的思想，樹立師道的尊嚴，以宗教家的獻身精神和儒家的樂道精神將幼教工作當成終身事業。

第四節　培訓

　　教保專業人員必須要有專業的知識與技能，也就是必須不斷接受專業訓練，一般的訓練方式有下列五種：

一、正規教育

　　在依照學制規定所設置的學校接受最正式的訓練，它有一定的入學資格、課程標準、教育年限及畢業準則。如高中、職的幼兒保育科及大專校院的幼兒保育科系、兒童福利科系等。

二、短期訓練

　　當社會上的保育人員短時間內供不應求時，主管機關就須依照法令與必要的程序來為有興趣從事幼兒教保工作的人做短期訓練，選擇最基本、實用的課程做密集式的訓練。

三、在職訓練

　　各機構對現職人員為求更新專業知識與技能所做的再教育，或為新進人員所訂立的訓練計畫，以能更實際有效地推展教保工作。

四、巡迴講習

通常是政府主管機關或民間幼教社團為了使教保人員能吸收新知、學習新技能所採用的一種方式，由專家學者巡迴分赴各地輔導講習。

五、參觀實習

到辦理成效卓著或是具有教保特色的機構學習，可以提供教保人員更廣泛的教學技巧和資源。

為了提高幼兒教保人員的專業能力，內政部於民國八十六年頒佈了「兒童福利專業人員訓練實施方案」做為訓練教保人員的依據。各類教保人員之課程內容採理論與實務並重為原則，課程內容、對象及時數規定如下：

一、助理保育員：360小時

受訓對象為高中職非幼保、家政、護理等相關科系畢業者。訓練課程分為：

(一)教保原理（126小時）：兒童發展、嬰幼兒教育、兒童行為輔導、兒童行為觀察與紀錄。

(二)教保實務（234小時）：教保課程與活動設計、教材教法、教具製作與應用、兒童安全、專業倫理、嬰幼兒醫療保健概論及實務、兒童生活常規與禮儀、課室管理、學習環境的設計與規劃、意外事故急救演練等。

二、保育人員：360 小時

受訓對象為欲擔任保育人員者，如高中職幼保、家政、護理等相關科系畢業，或只通過普考、丙等特考、委任升職考社會職系者。訓練課程分為：

(一)教保原理（108 小時）：兒童福利導論、社會工作、親職教育。

(二)教保實務（144 小時）：教保活動設計專題、教保模式、教材教法專題、幼兒文學、專業生涯與倫理、兒童遊戲、兒童安全。

(三)其他：特殊兒童教育與輔導、嬰幼兒醫療保健概論及實施、壓力調適、人際關係、嬰幼兒營養衛生概論及實務等。

三、保育人員：540 小時

受訓對象為欲擔任保育人員者，但是以專科以上非相關科系畢業者為主。訓練課程分為：

(一)教保原理（216 小時）：兒童發展與保育、幼兒教育、兒童行為觀察與紀錄、兒童福利導論、社會工作、親職教育。

(二)教保實務（270 小時）：教保課程與活動設計、教材教法、教具製作與應用、課室管理、學習環境的設計與規劃、兒童遊戲、幼兒文學。

(三)其他（54 小時）：特殊兒童教育與輔導、嬰幼兒醫療保健概論及實務等。

四、社工人員：360 小時

受訓對象有以下四類：

㈠大學以上畢業，非社會工作或相關學系、所（組）畢業者。

㈡專科學校畢業者。

㈢高等考試、乙等特種考試或薦任職升等考試社會職系考試及格者。

㈣普通考試、丙等特種考試或委任職升等考試社會行政職系考試及格者。

訓練課程為：

㈠社會工作（108 小時）：個案工作、團體工作、社區工作、福利機構行政管理、方案規劃與評估。

㈡兒童教保（108 小時）：兒童發展、特殊兒童心理與保育、兒童安全與保護、班級經營、人際關係。

㈢兒童福利（72 小時）：兒童福利政策與法規、兒童福利服務、親職教育。

㈣諮商與輔導（36 小時）：婚姻與家庭、兒童諮商與輔導。

㈤專題討論（36 小時）：兒童問題專題討論、社會工作實務專題討論等。

五、托兒機構所長、主任：270 小時

受訓對象為符合「兒童福利專業人員資格要點」中所長與主任資格者，訓練課程分為：

㈠兒童福利專論（36 小時）：兒童保護、兒童權利、兒童福

利政策與法規、各國兒童福利比較。

㈡托育服務專論（54小時）：托兒機構評鑑、托育服務問題、各國托育服務比較。

㈢托育機構經營與管理（72小時）：公共關係、財務管理、教保實務管理、人力資源管理、領導與溝通。

㈣托兒機構教保專題（54小時）：社會調查與研究、教保方案設計與評估、教保哲學與發展史、教保專業倫理。

㈤托兒機構社會工作（36小時）：兒童個案管理、社區工作、特殊兒童工作、親職教育等。

六、保母人員：80小時以上

　　受訓對象為年滿廿歲之本國國民，並完成國民義務教育（民國五十九年以前以國民小學畢業證書為準，民國六十年以後以國民中學畢業證書為準）者。現今的保母人員須經過丙級技術士檢定合格，檢定的工作項目與技能種類內容為：

㈠職業倫理：明瞭法則、個人進修、工作倫理。

㈡嬰幼兒托育導論：意義與沿革、政策與法令、服務措施。

㈢嬰幼兒發展：嬰幼兒生理與動作發展、嬰幼兒的人格發展、嬰幼兒認知能力、嬰幼兒語言發展、嬰幼兒社會行為、嬰幼兒發展評估。

㈣嬰幼兒保育：嬰幼兒基本生活、嬰幼兒營養與食物調配。

㈤嬰幼兒衛生保健：衛生保健常識、嬰幼兒疾病預防與照顧、意外傷害的預防與急救處理。

㈥嬰幼兒生活與環境：托育環境的規劃與布置、生活的安排與

常規的建立、遊戲與活動設計。

㈦親職教育：親子關係、教養方式、溝通技巧、家庭管理等。

3

教保機構與家庭

第一節　教保機構與家庭的關係

　　初生兒第一個接觸到的環境就是家庭，家庭是社會組織的基本單位，也是個人社會化的第一個場所。每一個嬰幼兒都須從家庭獲得其生長發展的物質與精神支持。一九五九年十一月廿日聯合國所通過的「兒童權益宣言」中原則六即指出：「兒童需要愛與了解，以利其人格之充分和諧發展。兒童應儘可能在父母的照料及負責下成長，無論如何，應在慈愛及道德與物質安全的氣氛下成長；幼齡兒童除特殊情況下不應使其與母親

分離……」可見家庭的重要性已是全人類的共識。

　　然而因社會經濟的發達造成家庭結構的改變，父母都需工作，對子女的教育便很難周到。教保機構也就為因應家庭與社會之需要，如雨後春筍般地四處林立。但是，教保機構基本上不可能替代在家庭中父母的功能，而家庭對幼兒所提供的教養方式又會在教保機構裡反映出來，所以，家庭教育的方式與父母對子女的管教態度，對於幼兒的學習、行為以及教師的教學，甚至園所的行政都具有關鍵性的影響作用。另一方面，園所若想達成其教育目標，則需每一幼兒的家庭都能給與良好的家庭教育，尤其是幼兒的父母親必須有正確的教養態度，能與子女建立良好的親子關係，提供較佳的學習環境，對幼兒教育有正確的教育觀。所以，園所與幼兒家庭的關係是雙方面彼此依存共生成長的關係，兩者之間要建立良好的關係則有賴親職教育的推展方能有成。

⊇ 親職教育須家庭裡所有成員與園所共同合作始能有所成

第二節　親職教育的意義與目的

親職教育乃指以教育方式使父母善盡其職責，成為負責任的良好父母親；廣義言之，「親」除雙親外，尚可延伸為祖父母甚至叔伯姑姨等長輩，而「職」所強調的就是職責。以一般狹義的意義來說明，親職教育就是培養父母教養子女的能力，以形成其適當職分的教育。

親職教育所要完成的教育目的有六：

一、促進健全的家庭生活。

二、經由教育方式，建立正確的親子關係、觀念與態度。

三、經由教育方式，了解現代父母的職責與角色。

四、經由教育方式，學習管教子女及與子女溝通之正確有效方法。

五、經由討論，面對特殊難題，共同商討，謀求解決之道。

六、協助子女成長及自我成長。

⇨ 親職教育的實施可透過不同的活動方式達成

第三節 推展親職教育的原則

一、配合幼教的目標

　　幼兒教育本身具有重要的功能和特定的目標。推展親職教育的目標，主要在家長的合作下，使幼兒教育能充分地發揮其功能，而達到理想的目標。所以，教保機構在舉辦親職教育活動時，必須把握住活動的內容配合幼教目標的原則，這樣才不致徒勞無功。

二、了解家長的需要

　　親職教育活動是以家長為主，所以活動的安排也必須配合家長的興趣、需要與時間，才能使家長踴躍地參加。園所必須先了解家長們的教育水準、教育環境、職業專長以及教養子女的態度後，再來計畫安排親職教育的活動。

三、擬定周詳的計畫

　　親職教育的活動方式很多，不論是動態或靜態的活動都必須針對家長的需要，把一學年或一學期中，所要舉辦的各項活動，擬定一個通盤的計畫。

四、善用社會資源

　　教保機構在人力、物力方面，都有一定的限度，因此必須善用各種社會資源來推展親職教育。社會資源大致可分為人力和物力二方面；人力資源方面，如邀請相關學者專家舉行座談、演講或諮商等活動；物力資源方面，如應用文化中心、博物館、圖書館、公園等場地、設備及資料等的支援。若能善用社會資源，親職教育的活動內容必能更為多采多姿。

五、充實輔導知能

　　家長們平時遭遇到幼兒在學習、生活或行為方面的特殊問題時，都必須與教師商談，所以教師必須具有輔導方面的專業知能才能滿足家長的需要，也才能使幼兒獲得對身心發展有益的教育。

第四節　親職教育的實施

　　親職教育的實施可以運用下列途徑來進行：

一、運用大眾傳播、演講、座談等方式，傳播家庭及教養新知，並溝通觀念。

二、利用志願性組織，如家長會、讀書會、媽媽教室等，進行親職教育活動。

三、由行政機關或關懷社會各種基金會主辦，托兒所協辦，成立專責單位，舉辦親職教育之示範性活動，並解答有關子女教養問題。

四、利用家長至園所接送孩子的時間直接面對面溝通，或在家庭訪問或其他家庭聯絡活動中進行親職教育。

五、對幼兒直接進行教育，亦即對幼兒產生影響，並經幼兒影響家長。

六、對價值觀念特別不適當或其子女行為越軌的家長，採用個案方式進行輔導與教育。

至於其實施的具體措施可以分為：

一、訪問

包括開學前的家庭訪問、不定期的家庭訪問（如利用家長接送時間及利用電話訪談）以及在父母需要協助時的特殊家庭訪問。

二、文字通訊與電子通訊

㈠製作家長手冊或家長須知。

㈡給家長的信。

㈢發行親職教育月刊或通訊，可介紹機構活動情形以及親職教育的專文。

㈣印發各種典禮、活動的邀請函。

㈤印發各項開會或註冊通知等。

㈥利用傳真機傳送立即資訊。

㈦透過全球資訊網路（www）或電子郵件（E-mail）獲得相
關資訊或作溝通。

三、專題講座

以下講題為一般父母較關心的話題：

㈠幼兒行為問題的專題，以專題及座談方式進行，以便交換
意見。

㈡幼兒特殊行為輔導專題。

㈢幼兒教育問題。

㈣環保專題。

㈤社會資源的探討。

㈥安全教育。

㈦經濟、消費或法令。

四、觀摩會

請父母前來機構了解幼兒的學習環境、教師教學方式及幼
兒的學習狀況。

五、親子活動

其方式如下：

㈠園遊會、運動會及懇親會。

㈡戶外郊遊。

㈢開學及畢業典禮。

六、組織父母成長團體

如各類研習會及媽媽教室。

七、家長參與教育活動

開放機構，使家長也能在幼兒的學習活動中扮演一個重要的角色，除了可使機構與家長的關係更密切，也可增加機構內的人力資源。

⮕ 直接參與機構內的學習活動是極有效的親職教育實施方式

參考書籍

王連生（民 77）《親職教育：理論與應用》。台北：五南。

許興仁（民 72）《新幼兒教育入門》。台南：光華女中。

許興仁（民 82）《幼兒保育行政》。台南：光華女中。

黃志成（民 88）《幼兒保育概論》。台北：揚智。

黃德祥（民 86）《親職教育》。台北：偉華。

蔡延治（民 87）《教保實習》。台北：啟英。

蔡春美、敖韻玲、張翠娥（民 82）《幼稚園與托兒所行
　　政》。台北：心理。

蔡春美、張翠娥、陳素珍（民 89）《幼教機構行政管理：幼
　　稚園與托兒所實務》。台北：心理。

盧美貴（民 85）《幼兒教育概論》。台北：五南。

蘇愛秋（民 75）《幼稚園・托兒所親職教育》。台北：信誼
　　基金出版社。

本篇彙整

1. 托兒所以促進嬰幼兒之身心健全發展，並配合家庭及社會需要，增進兒童福祉為宗旨。可分托嬰業務：指收托一個月以上未滿二歲嬰幼兒；以及托兒業務：指收托二歲以上學齡前幼兒。

2. 幼稚教育以促進兒童身心健全發展為宗旨。係指四歲至入國民小學前之兒童在幼稚園所受的教育。

3. 我國托兒所必須遵循的最高法律是「兒童福利法」，現行法令是於民國八十二年二月修正公布；幼稚園則另外還必須遵循「幼稚教育法」，現行法令是民國七十年十一月總統令公布。

4. 托兒所工作人員包括：兒童福利專業人員（所長、保育員、助理保育員、保母人員及社工人員）、護理人員、幼童專用車駕駛員、廚師、事務工作人員、清潔人員等。

5. 專業人員的配置標準為——托嬰業務：每五人置護理人員或保育人員或助理保育人員或保母一人，未滿五人以五人計。托兒業務：每十五人至三十人置保育人員或助理保育人員一人，未滿十五人以十五人計。必須置護理人員至少一人。

6. 幼稚園置園長一人，綜理園務，得擔任本園教學。每班兒童不得超過三十人，以兩位教師為原則。

7. 高中（職）學校幼兒保育、家政、護理等相關科系畢業者，可擔任托兒所助理保育員，經主管機關主（委）辦之兒童福利保育人員專業訓練及格者，得擔任保育員。具有五年以上托兒機構教保經驗，並經主管機關主（委）辦之主管專業訓練及格者，得擔任所長。

8. 根據美國幼教學者凱茲（L.G.Katz）將幼教老師的成長分為四個階段：(1)求生階段。(2)強化階段。(3)求新階段。(4)成熟階段。

9. 教育乃指以教育方式使父母善盡其職責，成為負責任的良好父母親；廣義言之，「親」除雙親外，尚可延伸為祖父母甚至叔伯姑姨等長輩，而「職」所強調的就是職責。以一般狹義的意義來說明，親職教育就是培養父母教養子女的能力，以形成其適當職分的教育。

10. 推展親職教育的原則有：(1)配合幼教的目標。(2)了解家長的需要。(3)擬定周詳的計畫。(4)善用社會資源。(5)充實輔導知能。

自我評量

1. 請列表比較托兒所與幼稚園在主管機關、法令依據、教保目標、設立宗旨以及收托年齡上的不同。
2. 你在高中職畢業之後如果有當托兒所所長的計畫，可以有幾種升學或就業的管道？請一一列表比較。
3. 若想做一個專業的幼教老師，你在高中職就學的這幾年會如何充實自己？請說說你的計畫。

第七篇

現存幼兒教保的問題及未來展望

前言

　　人類歷史的延續是倚靠新生命的誕生、成長、結婚生子，之後又是新個體的生命週期，循環不已，由此可知，幼兒是社會的資源、國家未來的棟樑、世界來日的希望。幼兒的重要並不僅是其具有期待性，讓人更在意的是幼兒階段所經歷的感官刺激會在個體內心留下痕跡，為個體各方面的發展建立基礎，影響往後各方面的發展。

　　為了自我實現、家庭傳承及國家發展，用心培育幼兒是必要的；然而幼兒是稚嫩的個體，弱勢中的弱勢，需要大人的保護與照料，才能以健康的身體、活躍的感官探究世界的奧祕，增進心靈的成長。

　　世界先進的國家都已注意到學前教保的重要性，為了替國家蘊育身心優良的公民，都把辦好幼兒教保視為國家政策的重點，逐年增加學前教保的經費，重視每個幼童的受教機會與品質，滿足個別家庭的需要，搭配地方或社區的資源，以保障幼兒教保的適宜性和豐富度。

　　我國對於幼兒教保的重視起步較晚，而且社會意識對幼兒教保的重要性尚不普及，所以我國幼兒教保的現況存在著許多問題。發現問題並不可怕，這表示擁有進步的空間，但關鍵在於面對問題的態度，如果我們因為問題存在而相互謾罵或推諉

責任，我們的學前教保則只會停留在原處，甚至品質更降低；唯有正視問題，集合眾人智慧與力量，共同合作，才可能讓台灣的幼兒教保向前邁進，開展希望的藍天！

1

現存幼兒教保問題探討

為我國的教保把脈

現存的幼兒教保問題可從政府的政策、幼兒教保機構和社會的影響三部分來探討。

壹、政府政策的相關議題

一、幼稚園、托兒所定位不明

由幼兒教保發展的歷史可知,幼稚園和托兒所的設置目的

並不同，幼稚園的設置是因體認早期教育的重要，民國十一年又將幼稚教育納入學制，使幼稚園成為教育單位；而托兒所是國民政府遷台之後，因應婦女出外就業或農忙時候，為滿足家庭的需要，所設置之照護幼兒的收托機構。也就是說，幼稚園是從事教育工作的教育機構，而托兒所則為施行兒童福利的保育機構。

但是私立機構業者為了招攬學生，不顧法定的性質區分，將機構兼併教育及托養的功能，致使今日不管公立學校或私立機構，在教保內容方面，已難分別何者為幼稚園或托兒所了；同時也造成大部分幼兒上學全日，而國小低年級學童上學半日的奇怪現象，這不禁令人疑惑幼兒上課的時間是否太長，抑或低年級學童的上課時間太短？對於幼兒學習時間長短的規畫與課程的安排，我們大人是否有慎重地考量幼兒的發展與需要？

此外，幼稚園既被定位為學校，則應確保幼兒受教的品質，私立幼稚園更應避免以利益為導向的理念來經營。而政府單位對於私立機構，可以改變現階段以「營利事業」課徵稅收的方式，改以優惠的學校課稅，降低私立幼稚園財政營運的壓力，使私立幼稚園有較大的財政空間好好實施幼兒教保。

二、幼托的整合

由於幼稚園與托兒所的設置功能混淆，且二者的招收年齡重疊，但設立標準與師資要求卻不同，才引發幼托整合的議題。

民國八十八年三月十七日，中央社政部門提出「托兒與學

前教育整合方案」，將托兒所改名為「嬰幼兒托育中心」，提供零至三歲幼兒的托育服務，而幼稚園則更名為「幼兒園」，提供三至六歲幼兒的教育服務，以二年為過渡期，業者自行考量轉型為幼兒園或嬰幼兒托育中心。

此方案解決了幼稚園和托兒所因招收對象重疊，形成國家資源運用浪費的問題，也讓各行攻單位明確劃分業務範疇；並且確定了零至三歲或三至六歲幼兒受到相同品質的教保服務。

可是這個方案卻抹殺托兒所當初設置的社會福利功能，且讓三至六歲幼兒的托育服務改由教育部門負責而喪失社會福利給予的保障與服務，並且令零到三歲的托養造成衝擊。台灣目前社會對於三歲之下幼兒的安置傾向於尋求家庭式的保母照護，屆時將產生嬰幼兒托育中心與保母們競爭零到三歲托養市場的情形。而這個方案最大的爭議是幼兒適應環境的能力較弱，但卻要他們在三歲時再次面臨適應新環境的問題。

對於幼托整合，尚有其他的建議方案。其一建議修法，使幼托合併，讓幼托單位同時隸屬教育單位，也隸屬於兒童福利單位。此方案的優點是對現狀的改變較小，也確定了零至六歲的幼兒所受到的教保服務品質保障相同，但卻造成行政業務成本較高，且易產生職責推諉的情形。另有方案建議幼稚園和托兒所保留原來的設置功能，但幼稚園上課半天，下午由托育機構照護，而托兒機構可附設於幼稚園內。這方案雖可明白畫分教育與托養的行政職權，也沒有幼兒再適應新學校的問題，卻可能衍生幼兒教保機構數量過多，屆時幼兒教保機構可能為搶奪學生而將機構商業化。

在整合幼、托的議題上，有諸多方案的建議，政府相關單位應慎重審視，須以幼兒的身心需要及最大福祉為最先考量。

三、幼兒教保人員的師資來源及進修管道狹隘

為了增進幼兒教保品質，提升教保人員資格是勢在必行的決策，但法規頒佈之時，須擴展進修管道，讓現有的師資擁有達成新法要求的機會，以免新的法令一公佈，引發不合新法資格的在職人員心慌，尤其是托兒所兒童福利人員資格的新法令溯及舊往，讓許多原有合格師資變為不合法人員，這對原本在幼保職場兢兢業業的教保人真是一大心理傷害，洩氣不少。可是倘若進修管道充足，不合新資格的現職教保人員可藉此給自己一個專業成長的機會。

另外，對於幼教師資的培育，雖有師院幼教系畢業的學生，但並非所有幼教系畢業生都願意加入幼保職場，師資來源仍顯不足，因此政府有關單位應該多元化培育師資，增加進修管道、增辦幼保學分課程，或是建立分級的證照制度，讓具有愛心、耐心及負責特質，且喜愛和認同這幼保領域的人都能投入幼兒教保的行列，共同為幼兒教保開創一片沃土。

四、政府經費分配不均，公私立與城鄉的幼保機構所受之教育資源懸殊

我國政府預算的分配上總是重國防而輕教育，在微少的教育經費上又偏高等教育而輕幼兒教育，在少之又少的幼教資源卻又偏重公立的學前教保機構，對於城市和鄉野的注重程度也

厚此薄彼，讓每個納稅公民因子女就讀公立或私立、城鎮或鄉村的教保機構而享有不同的教育資源。

公私立及城鄉幼兒教保機構因教育資源不均，使得私立機構和鄉村幼兒的教保品質，及其師資的穩定性受到了影響。資源豐富的機構在幼兒教保教材的選用較無金錢上的壓力；其教保人員也有較優渥的薪水，並享有較短的上班時數及較長的寒、暑假和事、病假天數，且有退休金制度，難怪合格的教師都嚮往到這些機構工作，造成資源短缺的幼兒機構將面臨合格師資嚴重流失的問題。資源的匱乏和教師的流失嚴重影響施行的幼兒教保的品質。

當前政府解決資源分配不均的方式是在城鄉增設公立教保機構，如此的解決之道並不能全然改善資源不平均的狀況，但卻可能造成幼保機構的數目過多，且導致條件比不上公立機構的私校關門，形成資源浪費。在教育經費有限的情況下，有關單位更應有效運用經費，將費用花在刀口上。政府機關可以評估各地區的教保機構數量，在欠缺教保機構的地點加設機構，而機構數目飽和的地方則予以輔助當地的私立幼保機構，這樣既可保障幼兒的就讀權利，又可提升私立機構及鄉村的教保環境與教保品質。

五、缺少專責單位及專人負責

台灣目前的學前教保機構數目龐多，幼保業務繁雜，各縣市卻是由一名或數名人員兼辦如此龐大的工作，在缺少足夠學有專精的專責人員和專屬機構負責之情形下，無法落實教保機

構的評鑑，確保幼兒教保的品質，更罔顧有效輔導縣市內的教保機構，並將幼兒教保推展至專業的發展。專人的缺少，也造成無暇取締不立案的教保機構，以有效遏止不合法機構的再設置；或給與不立案的教保機構指導，改善缺失，使其躍升為立案之機構，以保障幼兒學習的安全。為了幼兒的教保品質，各縣市政府應規畫成立掌管幼托事務的專責單位，並增加專業人員，確實負責幼托的事務。

六、幼小銜接

由於學前教保非義務教育，各幼兒機構有寬廣的空間施行心目中的教學模式。目前台灣的教保機構偏向實施以幼兒為學習主體的開放教學和環境規畫，但大部分的國小教育仍無新意，以傳統的教學方式和教室規畫為主，加上上課流程無學前機構彈性，又無點心時間，幼兒到國小就讀時，需花費時間適應眾多的轉變。

現今我國進行幼小教育銜接的地方通常是在幼兒機構，在大班最後的一學期模擬國小生活，期許幼兒能順利過渡到國小的教育。這樣的方式雖解決了幼小銜接的問題，但以教育的觀點來看，傳統的國小教育本來就應朝向開放改革，進行發現學習的教育方式。國小教育改變的速度或許無法如此快速，但可由國小低年級開始，這樣恰可銜接幼小的教育，解決了幼兒適應的問題。

此外，幼、小教師的合流培育也可以改善幼小銜接的問題，幼兒教保和國小的師資明白彼此的體系，較能設計與安排

衡接的活動，降低幼兒在國小學習的區隔感。

⊃ 安全的戶外教學可以豐富幼兒的生活經驗

七、安全問題

　　幼兒是國家未來的希望，為了讓幼童在安全的生活環境下
學習與成長，對幼保機構的建築、設備和幼兒人身安全極須重
視，須做好事前的防範工作。現今未立案的幼兒教保機構普遍
存在，即使幼保機構給予品質的保證，但不在法規的規範範圍
內，幼兒的身心安全仍未受保障；再者，今日的幼兒課程偏重
與生活經驗結合，許多幼保機構以戶外實際教學代替教室內的
講述，有關單位應更加強稽查交通的安全及喚起社會大眾對幼
童安全的注重。最近我國屢發生幼兒被虐待、不小心被鐵捲門
傷害、從高處掉落、娃娃車發生車禍、父母攜子女自殺……等
事件，這都顯示我們在幼兒安全的工作上還需再努力。

貳、幼兒教保機構的教學問題

一、偏重認知課程，依賴現成教材，以才藝教學迎合家長

目前學前機構使用坊間現有教材的情形十分普徧，探究原因大多是教保人員活動設計的能力不足、懶得設計或是來自家長的壓力。其實使用現有的教材並非不行，不過不能照本宣科、照單全收，而應參考幼兒的發展需要及學習興趣，有所選取及變化、延伸。

⮕ 許多幼保機構都提供才藝課程

家長的壓力是幼兒園沉重的負擔，許多教保機構為了招生，迎合家長的喜好，偏重認知的教學或實施才藝課程。但隨著時代的潮流，教育的重點不應再狹隘於培育善記憶、會背誦及模仿技巧的孩子，新的時代需要的是主動學習、情緒穩定、會思考及能判斷的人才，這些特質養成需在幼兒階段即建立基礎，所以教保工作人員應秉持教育良心，並與父母溝通、教育父母，共同採用合宜的態度及方式面對幼兒，以蘊育迎向二十一世紀的實力。

二、使用過多的錄影帶教學

科技的進步，帶動視聽媒體的發達，雖然使人類的生活變得更便捷與豐富，但對人的傷害也十分重大。在電視前面過久，除了影響視力外，還會讓人懶得看書，破壞閱讀書本的能力，使心智變得被動，並且使人體的新陳代謝速度、思考力和注意力降低，同時，看電視只能增加右腦的刺激，所以看太多的電視會造成左右腦刺激不平衡，並且減少左右腦間連繫神經的發展，導致將來學習困難（吳韻儀，民88）。電視對人的傷害如此大，可是我們的學前機構卻常倚賴電視，採用錄影帶教學或在等待的時間用來安定幼兒的秩序。為了幼兒，我們的幼兒教保機構應改善過度依靠電視的習慣。

參、社會的影響

一、大眾不重視幼保或對幼保認知偏頗，而且幼保人員未被以專業人員看待

　　由於我國對專業幼兒教保的觀念發展較晚，有些人將經營幼兒教保機構視為賺大錢的手段，加上人們已習慣將教保人員定位在為幼兒「把屎把尿」的保育工作上，又以前的法規對師資的要求較為寬鬆、教保人員薪資福利微薄，造成社會大眾容易小看幼兒教保的重要及專業。

　　現在，雖然社會大眾越來越認同學前教保的影響力，但卻著重於認知的學習，扭曲了幼兒教保的學習重點，將學業的壓力帶往幼兒階段，殊不知這樣的揠苗助長會戕害幼兒洶湧的學習動力，影響往後的學習熱忱。

　　幼兒身心充分發展的前提是接受良好的教保，這須要專業的知能配合幼兒的個別狀況才能提供，所以幼兒教保是專業的領域，教保人員是專業的人士。此外，幼兒教保品質的優劣也與教保人員對這份工作的認同感高低有極大的正相關，讓教保人員喜愛這份工作的動力是大家對其的肯定，因此我們應以專業人員看待教保人員，肯定其付出，藉以提升教保的品質。

二、媒體的影響

　　電視是每個家庭都有的家電用品，每個人和電視的關係密

切，言行舉止易受電視媒體的影響，可惜電視節目製作人與主持人並沒有因為他們對大眾的影響力頗鉅，就多製作良質的節目或言行優雅，反以商業利益為考量，出現譁眾取寵的節目內容或言行，例如開黃腔、舉辦兒童的模仿秀、變裝秀，為幼兒帶來錯誤的示範。

三、社區資源的短缺

幼兒是社會的資源，教養幼兒是社會大眾的責任，目前我國幼兒教保的社會資源較少，讓父母與教保人員感到捉襟見肘。政府單位應多成立諮詢機構、兒童圖書館、資源館以及休閒育樂的場所，並舉辦教師研習、父母成長、親子娛樂的活動，結合政府與社區的力量及資源，共同為提升幼兒教保品質而努力。

2

未來展望

明天會更好

　　目前我國的幼兒教保做得尚不是很好，存有許多問題，但在政府機關、專家學者與社會大眾的努力下，我們的幼兒教保仍有美好的遠景。對於我國幼兒教保未來的展望為：

一、修訂法令，以符合現今社會需要，並配合各地區狀況，立法從寬，執行從嚴，以落實法令的實施。

二、設置主管學前教保的專責人員與專責機構，合理分配教育資源，縮小城鄉差距，加強機構的評鑑，獎勵辦學優良的教保機構，對於不合規定的機構予以輔導，協助幼兒教保

品質的提升。

三、釐清幼稚園與托兒所的設置功能，制定對幼兒最好的行政
制度。

四、建立教保人員薪資福利制度和進修管道，提升社會對教保
人員的認同與尊重。

五、提供以幼兒為學習主體的課程內容，著重啟發式的引導，
讓幼兒以自己的成長速度和思維方式建構自己的內在。

六、重視早期療育，給與環境不利和身心障礙的幼兒均等的教
育機會與品質，提升來日的成就表現。

七、確實發放幼兒教育津貼，保障幼兒受教的權利。

八、邀請企業共同辦理學前教保機構，給與企業回饋社會的機
會，利用企業的力量提升幼兒教保的量與質。

九、加強親職教育的實施，建立父母正確合宜的教保方式與態
度。

十、監督媒體節目的製作與播放，提供幼兒一個良質的成長環
境。

十一、增設社區資源，結合家庭、學校、社會和國家的力量，
建立完整的教保網路。

參考書籍

王鳳屏（民 87）讓「幼稚教育」不再「幼稚」──談目前幼
　　教的現況與改革，載於幼教資訊⑼，頁 33-38。

吳韻儀（民 88）電視傷害，你想不到的大，載於天下雜誌
　　1999 教育特刊，頁 60-64。

邱志鵬（民 88）論台灣幼稚園及托兒所跨世紀的定位問題
　　㈠──從學術領域與行政制度的觀點，論幼稚園與托兒所
　　異同，載於幼教資訊（103），頁 40-46。

邱志鵬（民 88）論台灣幼稚園及托兒所跨世紀的定位問題
　　㈢──「托兒與學前教育整合」草案的可行性分析，載於
　　幼教資訊（105），頁 41-45。

邱志鵬（民 88）論台灣幼稚園及托兒所跨世紀的定位問題
　　㈣──為托兒與學前教育制度變革的可能方向建言，載於
　　幼教資訊（106），頁 38-44。

柯秋桂（民 88）「托兒與學前教育整合方案」之我見，載於
　　成長（38），頁 4-6。

洪福財（民 87）教學的概念分析──談幼教教學應走的方
　　向，載於幼教資訊⑻，頁 48-51。

莊學琴（民 87）新法！新罰？談兒童福利專業人員資格認定
　　問題，載於成長幼教季刊㉝，頁 40-42。

張孝筠、翁興利、蕭芳華、李裕光（民 88）我國幼兒教托政

策分流研究，載於教育政策論壇，2卷，1期，頁87-125。

曾仕強（民88）探討園所存在的目的以建立共識，載於當代
　　幼教管理雜誌(6)，頁 9-11。

萬家春（民 85）追求高品質的幼兒教育，載於教改通訊
　　（17/18），頁 22-26。

新幼教編輯室（民84）幼稚園是學校嗎？載於新幼教(4)，頁
　　4-8。

廖鳳瑞（民 87）幼教師的薪資福利，載於幼教資訊(88)，頁
　　2-6。

魏美惠（民84）《近代幼兒教育思潮》，頁 11-26。台北：
　　心理。

簡楚瑛、廖鳳瑞、林佩蓉（民85）當前幼兒教育問題與因應
　　之道。台北：行政院教改會。

本篇彙整

1. 我國現存的幼兒教保問題
   (1)幼稚園、托兒所的定位不明。
   (2)幼兒教保人員的師資來源不足。
   (3)政府教育資源分配不均。
   (4)缺少專責單位及專人負責。
   (5)安全問題。
   (6)幼托的整合。
   (7)偏重認知課程、現成教材、才藝教學。
   (8)使用過多的錄影帶教學。
   (9)幼小銜接。
   (10)大眾對幼保認知偏頗。
   (11)媒體的不良影響。
   (12)社區資源的短缺。

2. 我國幼兒教保未來展望
   (1)修訂法令，立法從寬，執行從嚴。
   (2)設置主管學前教保的專責人員與專責機構，合理分配教
      育資源。
   (3)釐清幼稚園與托兒所的設置功能。
   (4)建立教保人員的薪資福利制度和進修管道。
   (5)重視環境不利和身心障礙幼兒的教育。

⑹確實發放教育津貼。

⑺邀請企業共同辦理學前教保機構。

⑻加強親職教育的實施。

⑼監督媒體節目的製作與播放。

⑽增設社區資源，結合家庭、學校、社會和國家的力量。

自我評量

1. 請比較幼稚園和托兒所的設置功能有何不同。

2. 請收集資料，比較幼稚園和托兒所在設置辦法上的差異。

3. 請說出個人認為現今幼兒教保最大的問題為何，並陳述原因。

4. 角色模擬：

   (1) 假設您是一位幼保人員，您希望您的主管給您的薪資與福利各如何？

   (2) 假設您是一位私立幼保機構的主管，您會給您的工作人員如何的薪資與福利？

5. 請以己之見，敘述對台灣幼教的展望。

永然法律事務所聲明啟事

　　本法律事務所受心理出版社之委任為常年法律顧問，就其所出版之系列著作物，代表聲明均係受合法權益之保障，他人若未經該出版社之同意，逕以不法行為侵害著作權者，本所當依法追究，俾維護其權益，特此聲明。

永然法律事務所

李永然律師

高職用書2

幼兒教保概論 II

作　　者：孫秋香、邱琡雅、莊享靜
執行編輯：陳文玲
執行主編：張毓如
總　編　輯：吳道愉
發　行　人：邱維城
出　版　者：心理出版社股份有限公司
社　　址：台北市和平東路二段163號4樓
總　　機：(02) 27069505
傳　　真：(02) 23254014
郵　　撥：19293172
　E-mail　：psychoco@ms15.hinet.net
網　　址：www.psy.com.tw
駐美代表：Lisa Wu
　　　　Tel：973 546-5845　　Fax：973 546-7651
法律顧問：李永然
登　記　證：局版北市業字第1372號
電腦排版：辰皓國際出版製作有限公司
印　刷　者：翔勝印刷有限公司
初版一刷：2001年1月
初版二刷：2002年3月

定價：新台幣 280 元
■ 有著作權・翻印必究 ■
ISBN 957-702-413-0

國家圖書館出版品預行編目資料

幼兒教保概論 / 孫秋香、邱琡雅、莊享靜著. -- 初版.
--臺北市：心理, 2000-2001（民 89-90）
　　　冊；　　公分. --　（高職用書；1-2）

　　ISBN 957-702-392-4（第 I 冊；平裝）
　　ISBN 957-702-413-0（第 II 冊；平裝）

1.學前教育

523.2　　　　　　　　　　　　　　　　　89012050

讀者意見回函卡

No._____   填寫日期： 年　月　日

感謝您購買本公司出版品。為提升我們的服務品質，請惠填以下資料寄
回本社【或傳真(02)2325-4014】提供我們出書、修訂及辦活動之參考。
您將不定期收到本公司最新出版及活動訊息。謝謝您！

姓名：_____　　性別：1□男 2□女
職業：1□教師 2□學生 3□上班族 4□家庭主婦 5□自由業 6□其他_____
學歷：1□博士 2□碩士 3□大學 4□專科 5□高中 6□國中 7□國中以下

服務單位：_____　　部門：_____　　職稱：_____

服務地址：_____　　電話：_____　傳真：_____

住家地址：_____　　電話：_____　傳真：_____

電子郵件地址：_____

書名：_____

一、您認為本書的優點：（可複選）

　❶□內容 ❷□文筆 ❸□校對 ❹□編排 ❺□封面 ❻□其他_____

二、您認為本書需再加強的地方：（可複選）

　❶□內容 ❷□文筆 ❸□校對 ❹□編排 ❺□封面 ❻□其他_____

三、您購買本書的消息來源：（請單選）

　❶□本公司 ❷□逛書局⇨_____書局 ❸□老師或親友介紹

　❹□書展⇨____書展 ❺□心理心雜誌 ❻□書評 ❼□其他_____

四、您希望我們舉辦何種活動：（可複選）

　❶□作者演講 ❷□研習會 ❸□研討會 ❹□書展 ❺□其他_____

五、您購買本書的原因：（可複選）

　❶□對主題感興趣 ❷□上課教材⇨課程名稱_____

　❸□舉辦活動 ❹□其他_____　　　　（請翻頁繼續）

廣　告　回　信
台灣北區郵政管理局登記證
北 台 字 第 8133 號

（免貼郵票）

 心理出版社 股份有限公司

台北市 106 和平東路二段 163 號 4 樓

TEL:(02)2706-9505
FAX:(02)2325-4014
EMAIL:psychoco@ms15.hinet.net

沿線對折訂好後寄回

六、您希望我們多出版何種類型的書籍

　❶□心理❷□輔導❸□教育❹□社工❺□測驗❻□其他

七、如果您是老師，是否有撰寫教科書的計劃：□有□無

　書名/課程：＿＿＿＿＿＿＿＿＿＿＿＿＿＿＿＿＿＿＿＿＿

八、您教授/修習的課程：

上學期：＿＿＿＿＿＿＿＿＿＿＿＿＿＿＿＿＿＿＿＿＿

下學期：＿＿＿＿＿＿＿＿＿＿＿＿＿＿＿＿＿＿＿＿＿

進修班：＿＿＿＿＿＿＿＿＿＿＿＿＿＿＿＿＿＿＿＿＿

暑　假：＿＿＿＿＿＿＿＿＿＿＿＿＿＿＿＿＿＿＿＿＿

寒　假：＿＿＿＿＿＿＿＿＿＿＿＿＿＿＿＿＿＿＿＿＿

學分班：＿＿＿＿＿＿＿＿＿＿＿＿＿＿＿＿＿＿＿＿＿

九、您的其他意見

＿＿＿＿＿＿＿＿＿＿＿＿＿＿＿＿＿＿＿＿＿＿＿＿＿＿＿

謝謝您的指教！　　　　　　　　　　　　　54002